U0153912

校務研究新紀元

教與學的面向探討

INSTITUTIONAL RESEARCH

林奇宏、林思吟──主編

▌序

臺灣校務研究專業協會第四屆理事長

林奇宏

　　臺灣校務研究專業協會（Taiwan Association for Institutional Research, TAIR）自 2016 年成立以來，經過黃榮村、廖慶榮和周景揚三位理事長的領導，會務蓬勃發展，會員規模日益壯大。協會舉辦了十多場專業工作坊和研討會，並於每年彙集臺灣各大學最新校務研究成果出版專書。TAIR 透過許多國際交流參訪活動，擴展與國際校務研究組織的對話，包括美國校務研究協會（Association for Institutional Research, AIR）、海外華人校務交流協會（Overseas Chinese Association for Institutional Research, OCAIR）以及東南亞校務研究協會（South East Asian Association for Institutional Research, SEAAIR）。特別是在疫情過後，TAIR 也重新開始積極參與國際校務研究會議，持續強化與國際間的聯繫。

　　因應疫情期間的學習所需，教育領域面臨前所未有的挑戰和變革。學校的教學方式、學生的學習需求、教師的角色與技能，都在迅速演變和重新定義，其中包括對遠距教學的迫切需求。在這個充滿不確定性的時刻，校務研究扮演著重要的角色，引領著教育界邁入一個全新的紀元。《校務研究新紀元：教與學的面向探討》是 TAIR 的年度重要出版品，匯集近一年來國內相關研究者的智慧和經驗。透過對教師工作經驗、教學方法、課程設計、

評估方式，以及學生學習成效與心理健康、專業知能、職涯發展等方面的探討，分享各校在校務研究領域的寶貴經驗和見解。

本書不僅探討疫情時期學生學習環境和習慣的改變，以及教師因應遠距教學的需求和挑戰，亦關注教育體系中的不平等現象，探討經濟與文化不利學生在校學習表現，以及未來職涯發展方面的影響，並探索如何提供平等的學習機會，縮小教育差距，關注弱勢群體的需求。最後，本書將聚焦教師的工作經驗和壓力調適情況。疫情改變了教師的教學方式和工作環境，再加上教師所承擔的教學、研究和服務等責任，實在需要不斷調整和提升自身的專業能力，以應對新的教學挑戰。透過這些議題探討教師的工作經驗和壓力調適，期以建立支持教師成長的有效機制。

期望藉由本書的出版，分享不同學校的夥伴們的研究成果，為各校校務研究同仁提供觀摩參考。同時，也能讓外界更深入了解校務研究的具體內容，為行政管理人員和政策決策者提供參考，真正實踐以證據為本的校務治理。

最後，感謝《校務研究新紀元：教與學的面向探討》一書中所有作者的研究貢獻，共同為臺灣高等教育和校務研究的發展做出更多的貢獻。

目錄

▌導讀

臺灣校務研究專業協會常務理事兼顧問

何希慧

　　當今教育環境時刻改變，為因應國際競爭與社會期待，學校面臨多方政策要求與推動挑戰，如何透過長期性資料的蒐集與分析，提供學校主管以數據／事證為本的決策模式，據以改善課程教學、人力資源與學生學習等問題，以達校務治理科學化是各校努力的目標，亦是近年教育部在高等教育重要的政策之一。其目的希冀學校藉由校務研究分析結果，協助決策者從數據觀點，對教師學術發展、學生學習表現、招生資源引進、國際競爭力與就業力等議題，提供資訊剖析與策略建議，以利找出對應方案及特色發展方向。準此，本次專書收錄七篇文章，除依過往聚焦在高等教育議題外，高級中等以下學校亦已關注校務研究的發展與效益，從而向下扎根提出研究成果，應視為教育部推動校務研究最佳的效應之一。

　　專書排序首先以大學教師的專業發展為始，其不僅影響到教師個人的學術表現與工作滿足感，進一步亦可能連動到學生的學習經驗和校園學術氛圍的改變。第一篇文章帶領讀者一窺 P 校教師在研究、教學與服務三大職責下，需要兼顧諸多任務亦須平衡發展，其「服教研」的表現如何相互影響。最重要的是，教師如何透過完成職責任務，亦開啟學生的學習視野與知能傳遞，以為其未來邁向職場生涯做好準備。

本書的第二篇到第五篇則探討教師教學與學生學習相關問題及其關聯性。由於教育的本質十分關注公平與包容的教學策略，第二章即從經濟與文化不利的畢業生在學經驗談起，了解其在校學習暨職涯探索參與經驗對其未來就業表現之影響。第三篇則藉由大學社會責任 USR 計畫推動下所開設之課程，探究大學生在永續發展認知的變化。第四篇屬於學生心理健康議題，不僅發現學校本地生、馬來西亞僑生和港澳僑生的心理健康狀態與類型分類，亦指出心理健康因素對大學生學業成就和整體福祉的關鍵性。第五篇則分析大一新生學業成績與學習成效滿意度的關係，並指出專業與共通課程學習機制的建言。

最後兩篇則是探討疫情對教育現場帶來的衝擊與改變。第六篇專注在大學從事線上遠距教學時大學生的學習評估，分析學生對緊急遠距教學的反應，以及對他們學習獲益情形的影響。第七篇的研究樣本是六位國小校長，在其面臨前所未有的疫情壓力下，如何調整自己的工作方式以維持工作熱忱，並找到有效的應對策略與支持系統。

總之，本專書所收錄的七篇文章彼此獨立卻又相互連結。作者們以多元觀點透過實證或實徵研究法，深入剖析教育現場的問題與挑戰，進而提出改善與未來發展的建議。期待本書給予讀者對於校務研究不同議題有更深刻的認識，亦希望激發更多校務研究專業人士的不同思維與實踐行動力。

五味雜陳的「研教服」生活：中部一所大學的教師工作經驗調查

靜宜大學犯罪防治碩士學位學程
招生專業化辦公室助理教授
沈碩彬

壹、緒論

　　大學教師有研究、教學、服務（含輔導）等多重任務，任務間需相互調和，因而有人打趣說如同「胡椒鹽」（服教研諧音，以下因主題順序所需，簡稱研教服）。一般專任教師在學校、系所基本要求上，會依個人興趣而有不同研教服比重分配，然而，也會因為教師專兼任別、職級、院系、肩負任務等客觀因素不同，而有不同比重的研教服任務分配，大致型態如下：

一、**以研究為主**：傳統上大學均重視教師研究產出，如：期刊、專書、研討會論文等，並藉研究績效促進自己及早升等（Webber, 2011），教師若重視研究產出，會有較豐富的研究論述與成果，藉以在學術上建立專業權威。

二、**以教學為主**：某些專任教師積極發展教學準備與創新，甚至運用教學成果升等（教育部高教司，2017）。然而，也有些專案約聘教師不需要負責研究或行政工作，只需要支援教學。以上兩類雖然都以教學為主，但前者因興趣取向使然，後者則是聘約屬性使然，可說是迥然不同。

三、**以服務為主**：教師多少都有如參與演講、擔任導師、參與系務等服務績效，但部分教師會投入學校行政職位，從更高層次參與治校。某些行政單位的專案約聘研究員或教師則須管理個別計畫，因而教學與研究比重較少。這兩類雖然都以服務為主，但也是各異其趣。

在上述研究背景下，不同人口變項教師可能有不同的研教服比例，如：因教師職級高低而累積的資源與經驗有多寡差異，可能會影響工作效能（林俊瑩等，2014）。再者，研教服雖然各自獨立，實際上卻可能重疊（何希慧，2015），如指導論文，在課堂上是屬於教學，在課餘則是屬於服務；研教服彼此之間也可能互相影響（Fox, 1992; Ramsden & Moses, 1992）。因此，教師如何平衡研教服任務，在在需要下足功夫。本研究之研究對象為中部一所大學（P 校）教師研教服生態為何？教師在執行任務時是感到困難或皆能兼顧？此議題值得探究，為本研究主要動機。

基於上述背景與動機，本研究進行 P 校教師工作經驗調查，有三個研究目的：（一）探討各職級教師的研究投入（校內、科技部、其他校外等主持計畫數）對研究產出（研討會、學術期刊論文數）的預測模型；（二）探究教師、學生、課程等因素對教學產出（授課科目數、時數、教學評量成績）的預測力；（三）分析服務產出（目前兼行政職數、兼行政職總數、參與委員會數）與教學產出對整體研究情形（含投入與產出）的預測力。以下分別以三個子研究進行之。

貳、文獻探討

一、研教服的範圍

依據 Marmion 等（2018）、Susan（2022）、Webber（2011）等文獻說明，「研究」可包含：被引用文章、專書論文、圖書、專著、專利、版權、創作、競賽表現、競賽展覽、媒體廣播、報紙文章、書評、教科書、技術報告、軟體、已發表引文、工作坊、研討會發表、計畫與經費、榮譽與獎勵等。「教學」可包含：授課數、學分數、碩博論文指導、服務學習、創新教育學、技術、教學評量、榮譽與獎勵等。「服務」則可包含：撰寫系所、院級或校級委員會等校級計畫書、榮譽或獎勵；擔任委員會主席或成員、會議組織者、編委會服務等。上述項目通常是教師評鑑的項目，也是教師升遷的重要績效指標。

另依據 P 校 2021 年第 21 版《教師聘任與升等辦法》及第 15 版《教師聘任與升等評審細則》（如附錄 1），即採取研教服三項重點來審查升等及聘任案。經審酌文獻與 P 校定義，研究部分，本研究採取主持計畫數及研討會、期刊論文數作為測量指標。教學部分，以較易量化處理的授課科目數、授課時數、教學評量成績，納為教學測量指標。服務部分，本研究在與資訊處討論後，採 107 學年當時是否兼任行政職、兼任行政職總數、參與委員會總數為服務測量指標。

二、研教服的時間分配課題

（一）人口變項

不同性別、年齡、年資、職級的教師可能有不同研教服情形（林俊瑩等，2014）。有研究結果指出：男教師研究或服務績效較高（Kaschak, 1978; Blumenthal et al., 2017; O'Meara et al.,

2017），然而在控制其他背景變項後，性別不具預測力（Crespo & Bertrand, 2013; Davis & Patterson, 2001; Porter & Umbach, 2001）。以年齡、年資而言，部分研究發現：年輕、資歷較淺教師的教學或研究產出較高（Kyvik, 1990; Sax et al., 2002），服務則通常隨著年資加多或年齡漸長，而績效漸增。此外，職級也是影響研教服的可能因素，且預測力可能更勝人口變項（黃淑玲、沈碩彬，2017），研究顯示：職級愈高，研究與服務產出通常愈佳（Copes et al., 2012; Cvetanovich et al., 2016），但有關教學產出的研究結果則呈現分歧（黃義良、鄭博真，2011；Civian & Brennan, 1996），新進教師較具有熱忱，資深教授較有技能，而副教授為中流砥柱，同時具備相當的經驗與熱忱。

（二）研教服關聯性

　　就研究而言，教師主持計畫後，可依據成果產出研討會論文與期刊論文，論文發表策略可能會先產出研討會論文，再產出期刊論文；或者可直接產出期刊論文，但也可能只停留在研討會論文階段（黃淑玲、沈碩彬，2017）。相關研究亦顯示，主持計畫意謂著得到經費支持，將有更多研究助理協助產出更多著作（Porter & Umbach, 2001; Zhang et al., 2017）。此外，研討會發表象徵活躍於學術圈，將有助正式論文產出（Taylor et al., 2006; Hesli & Lee, 2011; Teodorescu, 2000）。可知教師計畫經費支持與論文產出多寡息息相關。

　　就教學而言，除了教師本身以外，學生與課程亦可能是影響教學成效的因素，如：學生性別（黃素君等，2014；Feldman,1983）、年級（張德勝，1998）、研究所或大學課程（曾明基、邱晧政，2015）、出席率（Brockx et al., 2011）、自我評價（張利中等，2003；黃義良、鄭博真，2011）、課程

必選修（Feldman,1983）、修課人數（Spooren & Mortelmans, 2006）等研究，均顯示會影響教學評量成績。此外，過去研究顯示，教師研教服彼此重疊或相互影響（何希慧，2015；Fox, 1992; Ramsden & Moses, 1992）；亦有相關研究指出，教學與研究間無顯著相關（Hattie & Marsh, 1996; Marsh & Hattie, 2002; Ramsden, 1994），甚或彼此衝突（Fox, 1992; Ramsden & Moses, 1992）；服務可能會降低研究產出（Meyer, 1998）。

依據上述文獻結果，本研究假設：不同性別、年齡、年資、職級教師會有不同研教服情形，而教師研教服間亦有所關聯。

參、研究設計與實施

一、研究架構

研究一

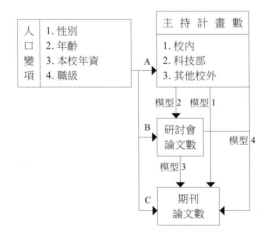

研究二

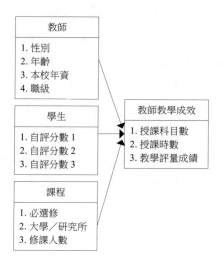

研究三

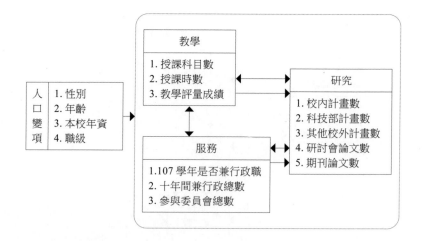

二、研究方法

本研究撈取 P 校校務資料庫中，107 學年專任教師自 2008 至 2017 年等十年間人事資料進行分析，統計技術有描述、積差相關、多元迴歸等分析，統計軟體使用 IBM SPSS Statistics 22.0。資料欄位如下：

（一）人口變項：性別（男、女）、年齡、P 校年資、職級（正、副、助理教授，不含講師）。

（二）研究變項：十年間主持校內、科技部、其他校外研究計畫的總次數，主持一年算為一次，不計算共同主持人部分；再計算名列作者之一的研討會、學術期刊論文數。

（三）教學變項：每學期平均授課科目數、授課時數、教學評量平均成績。

（四）服務變項：107 學年是否兼任行政職（含擔任一、二級教學或行政單位主管職）、十年間兼任行政職總數、參與委員會數。

三、研究對象

研究對象為中部一所有宗教人文情懷且重視教學的私立大學 P 校，其 107 學年 330 位專任正、副、助理教授，不含講師，以符計畫所需研教服資格。基本資料如表 1 所示，可知以男性、40 至 59 歲、年資 19 年以下為主，職級部分：有 86 位正教授、136 位副教授、108 位助理教授，以副教授為最多。

表 1　研究對象基本資料

變項	類別	N	%	變項	類別	N	%
性別	男性	195	59.09	年齡	39 歲以下	28	8.48
	女性	135	40.91		40 至 49 歲	106	32.12
					50 至 59 歲	145	43.95
					60 歲以上	51	15.45
職級	正教授	86	26.06	年資	9 年以下	103	31.21
	副教授	136	41.21		10 至 19 年	118	35.76
	助理教授	108	32.73		20 至 29 年	79	23.94
					30 年以上	30	9.09

四、研究工具

　　本研究依據校務資料庫欄位撈取資料，教學評量部分係由學生對授課教師評分，為五點問卷，依據先前分析各學院 Cronbach's alpha 值均高於 .95，也具有良好複本、重測信度。2019 年第 17 版有八題教學評量及三題學生自評題目，題目敘述如下：1. 教師讓學生有充分討論思考的機會，引導學生獨立思考。2. 教師能夠適當回答學生的問題。3. 教師對於所授課程內容充分掌握，講解詳實。4. 教師授課的表達與說明清楚。5. 成績考核內容涵蓋課程重要內容。6. 成績考核方式遵循公平、公開原則。7. 教師能夠用開放的態度與學生溝通。8. 教師準時上下課，不輕易請假。9. 我覺得這門課對我的專業知能有所增進（學生自評）。10. 我認為這門課程內容符合我的了解程度（學生自評）。11. 我修習本科目的學習態度非常認真（學生自評）。

五、研究範圍與限制

　　本研究結果僅適合解釋 P 校教師研教服現象，不宜過度類推

到他校。歷年教學評量問卷版本更迭，亦可能影響結果詮釋；而研教服資料主要由教師自行登載，可能因教師漏登而低估相關績效，以上為本研究主要限制。

肆、研究結果與討論

一、整體教師研教服情形

表 2 為十年間整體教師研教服情形，茲說明如下：

（一）研究：十年間平均每位教師主持 1.32 次校內、2.59 次科技部、5.67 次校外計畫，以及產出 15.09 篇研討會、9.87 篇期刊論文。整體以主持其他校外計畫為主，約兩年主持一次；其次為科技部計畫，約四年主持一次；論文產出平均每年約 1.5 篇研討會、一篇期刊論文。

（二）教學：每學期平均授課科目數 5.78 門、授課時數 9.69 小時、教學評量成績 4.07 分。依照 P 校辦法，明訂教師基本授課時數為每學期八至九小時，加上可超鐘點三小時，因此，平均科目數 5.78 和授課時數 9.69 看來尚稱合理；而教學評量成績 4.07 顯示學生對教師教學的肯定態度介於非常同意（5 分）和同意（4 分）間。

（三）服務：107 學年是否兼行政職（是為 1，否為 0）比例為 17%（即 330 人中有 56 人兼行政職）、十年間平均每人兼任行政職總數為 1.53 次、參與委員會總數為 69.81 次（約每年七次）。

表 2　教師研教服情形摘要表（2008 至 2017 年）

			M	SD
研究	主持計畫數	校內	1.32	2.33
		科技部	2.59	3.98
		其他校外	5.67	11.52
	論文數	研討會	15.09	18.98
		期刊	9.87	11.57
教學	科目數		5.78	2.96
	授課時數		9.69	3.01
	教學評量成績		4.07	0.80
服務	107 學年是否兼行政職		0.17	0.38
	十年間兼行政職總數		1.53	2.62
	參與委員會總數		69.81	51.42

二、教師人口變項對研教服之預測力

在此階段一以教師性別、年齡、P 校年資為預測變項，階段二再投入職級，以階層迴歸分析預測研教服情形，並設定「男_女性」、「助理_副教授」、「正_副教授」虛擬變項。分析後共線性診斷值最高為 2.37，小於 10，代表無共線性問題，結果如表 3 所示，茲說明如下：

（一）研究：一般人口變項並無足夠預測力，職級部分，正教授的校內、科技部計畫數、研討會與期刊論文數均高於副教授，而副教授的科技部、其他校外計畫數、研討會與期刊論文數均高於助理教授。由此顯見，職級愈高者，在研究投入與產出上均較優勢，此與 Cvetanovich 等（2016）、Copes 等（2012）結果類似。

（二）教學：年資淺教師有較多授課科目，職級部分，副教授的授課科目數、授課時數均多於助理教授，教學評量成績也

高於助理教授。此處年資與職級結果看似矛盾，交叉比對各學院年資與授課科目數相關，僅理學院達顯著負相關（$r = -.37$，$p < .01$），可推測理學院讓年資較淺的教師擔負較多教學責任。再者，可知職級較高老師，教學資源、資歷、經驗均較為豐厚，因而有較佳教學產出，此可對照 Civian 與 Brennan（1996）、Feldman（1983）結果。

（三）服務：人口變項並無顯著預測力，職級部分，107 學年兼行政職比例、十年間兼行政職總數、委員會總數，均依職級而有升高的情形。服務與研究有類似結果，顯見乃是逐漸累積的量化成果，如擔任職務次數、論文數等。然而，雖依職級提升而教學經驗愈豐，仍需每學期積極經營，與研服稍有不同。

依據上述結果，可知整體而言，職級愈高者有較佳的研教服情形。

三、研究一：教師研究投入對研究產出之預測情形

由上可知教師職級對研究投入與產出有預測力。為進一步知悉研究投入對產出之預測模型，研究一分別就整體教師、正、副、助理教授採用多元迴歸分析。在此仿效黃淑玲與沈碩彬（2017）的作法，依據研究的時間先後順序，假設主持計畫數為預測變項，研討會論文數為中介變項，期刊論文數為依變項，分析摘要如表 4 所示。其中模型 1（M1）至模型 3（M3）係確認主持計畫數、研討會論文數、期刊論文數兩兩之間的關係，依據 Baron 與 Kenny（1986）理論，若模型 1 至 3（M1~M3）均成立，模型 4（M4）亦成立且直接效果弱化，即代表研討會論文數具中介效果。表 4 共線性診斷值 VIF 最大為 1.39，顯示無共線性問題，並可分別繪製預測模型如圖 1。

表 3　教師人口變項對研教服迴歸分析摘要表

DV \ IV	研究投入（主持計畫數）					
	校內		科技部		其他校外	
	S1	S2	S1	S2	S1	S2
男_女性	−.01	.01	.04	.06	−.03	−.02
年齡	.08	.06	.11	.06	.10	.08
年資	.01	.04	.05	.04	−.15	−.15
助理_副教授		−.08		−.23***		−.15*
正_副教授		.12*		.28***		.09
R^2	.008	.035*	.025*	.207***	.009	.049**
△R^2	.027*		.182***		.039**	

DV \ IV	研究產出（論文數）			
	研討會		期刊	
	S1	S2	S1	S2
男_女性	.02	.04	.07	.08
年齡	.05	.01	.01	−.05
年資	−.06	−.06	.12	.12
助理_副教授		−.17**		−.11*
正_副教授		.25***		.39***
R^2	.002	.127***	.021	.214***
△R^2	.125***		.193***	

IV / DV	教學產出					
	科目數		授課時數		教學評量成績	
	S1	S2	S1	S2	S1	S2
男_女性	-.02	-.01	-.04	-.01	-.06	-.05
年齡	.03	.01	.04	.04	.01	-.01
年資	-.20*	-.20*	-.03	-.03	-.03	-.03
助理_副教授		-.26***		-.30***		-.20**
正_副教授		-.01		-.10		.01
R^2	.032*	.096***	.002	.078***	.004	.043*
$\triangle R^2$	.064***		.076***		.039**	

IV / DV	服務產出					
	107 學年是否兼行政職		十年間兼行政職總數		參與委員會總數	
	S1	S2	S1	S2	S1	S2
男_女性	-.11*	-.10	-.05	-.05	-.05	-.03
年齡	-.02	-.06	-.01	-.06	.11	.06
年資	.04	.04	.11	.10	.14	.12
助理_副教授		-.20***		-.15**		-.34***
正_副教授		-.19**		-.35***		.26***
R^2	.014	.118***	.015	.195***	.056**	.303***
$\triangle R^2$	.104***		.180***		.247***	

註：S1、S2 各代表階段 1、2，R^2 是決定係數，$\triangle R^2$ 是階段 2 增加解釋力，其餘數字表標準迴歸係數。

$*p < .05$，$**p < .01$，$***p < .001$

表 4 教師研究投入對產出迴歸分析摘要表

IV ＼ DV	整體教師			
	M1	M2	M3	M4
	期刊	研討會	期刊	期刊
校內	−.03	.06		−.06
科技部	.56***	.39***		.37***
其他校外	.08	.20**		−.02
研討會			.64***	.49***
R^2	.334***	.257***	.406***	.511***
調整 R^2	.327***	.249***	.404***	.504***

IV ＼ DV	正教授			
	M1	M2	M3	M4
	期刊	研討會	期刊	期刊
校內	−.15	−.11		−.09
科技部	.51***	.29**		.35***
其他校外	.21	.36**		.01
研討會			.69***	.57***
R^2	.331***	.228***	.475***	.580***
調整 R^2	.306***	.199***	.468***	.599***

	副教授			
	M1	M2	M3	M4
IV ＼ DV	期刊	研討會	期刊	期刊
校內	.06	.16		.01
科技部	.38***	.31**		.30***
其他校外	.05	.17		.01
研討會			.38***	.27**
R^2	.165***	.195***	.146***	.224***
調整 R^2	.145***	.176***	.139***	.199***

	助理教授			
	M1	M2	M3	M4
IV ＼ DV	期刊	研討會	期刊	期刊
校內	−.08	.21		−.09
科技部	.04	.22*		.03
其他校外	.01	.10		.01
研討會			.02	.04
R^2	.006	.156**	.001	.007
調整 R^2	.000	.128**	.000	.000

註：除 R^2 及調整 R^2 外，其餘數字表標準化迴歸係數。

$*p < .05$，$**p < .01$，$***p < .001$

整體教師

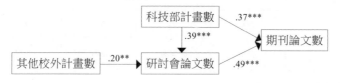

正教授

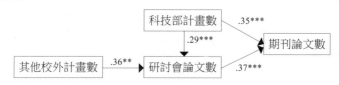

副教授

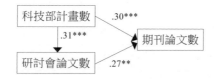

助理教授

圖 1　教師研究投入對產出預測模型

（一）整體教師：科技部計畫最能預測教師研究產出

　　整體教師模型 1~4 皆有顯著預測力，其他校外計畫數僅對研討會論文數有正向預測力；在投入研討會前後，科技部計畫數對期刊論文數均有正向預測力，標準化迴歸係數（β 值）由 .56 降為 .37，可知科技部計畫數經由研討會論文數的部分中介作用，可正向預測期刊論文數。進一步計算 Sobel test 統計值為 5.97（p < .001），證實間接效果顯著（Sobel, 1982）。是以，如圖 1 整

體教師研究產出模型，可知總預測效果為 .37 +（.20 + .39）×
.49 = .66；其他校外計畫數僅有間接效果為 .20 × .49 = .10，科技
部計畫數有直接效果 .37 與間接效果 .39 × .49 = .19。因此，整
體模型仍以科技部計畫數透過研討會論文數而預測期刊論文數的
中介模型為主。

（二）正教授

正教授模型情況類似整體教師，在投入研討會前後，科技部
計畫數對期刊論文數的 β 值由 .51 降為 .35，亦形成部分中介作
用。Sobel test 統計值為 2.57（p < .05），證實間接效果顯著。
是以，如圖 1 正教授研究產出模型，總預測效果為 .35 +（.29 +
.36）× .57 = .72，其他校外計畫數僅有間接效果 .36 × .57 = .21，
科技部計畫數有直接效果為 .35 與間接效果 .29 × .57 = .16。因
此，整體模型仍以科技部計畫數透過研討會論文數而預測期刊論
文數的中介模型為主。

（三）副教授

副教授模型情況雖類似整體教師與正教授，但無其他校外計
畫數對研討會論文數此路徑。在投入研討會前後，科技部計畫
數對期刊論文數的 β 值由 .38 降為 .30，亦形成部分中介作用。
Sobel test 統計值為 2.42（p < .05），證實間接效果顯著。是以，
如圖 1 副教授研究產出模型，可知總預測效果為 .30 + .31 × .27
= .38，科技部計畫數有直接效果為 .30 與間接效果 .31 × .27 =
.08。

（四）助理教授

助理教授模型 1~4 中僅模型 2 達 .05 顯著水準，科技部計畫
數對研討會論文數有預測力，可知僅有科技部計畫數對研討會論

文數的預測模型，而無中介模型，預測效果為 .22。

（五） 討論

　　從預測模型來看，正、副教授之計畫數皆可藉由研討會論文數的中介效應，進而有效預測期刊論文數，正教授還多出校外計畫預測研討會論文數的路徑，而助理教授無中介模型。可知正教授論文產出途徑較為多元靈活，其次為副教授，而助理教授的論文產出模型最為單一。

　　其次，依結果可知科技部計畫數是各職級教師研究能力與學術地位的重要指標，而其他校外計畫可幫助正教授產出研討會論文，而非期刊論文，可能是非營利或產學計畫的目的主要在造福群眾或開發技術，而非產出論文（Boyer, 1990）。至於，輔助教師的校內計畫無法有效產生論文，可能是由於推行時間較晚，數量不足以產生顯著預測力。

　　綜上所述，研究一結果顯示：P 校正、副教授研究產出模型明確，但助理教授模型較弱，僅限於研討會論文。此符合文獻發現，較高職級教授有較豐富學術經驗、研究資源、人際網絡，因而受邀撰稿機會較多、研究及撰稿團隊較為完整，獲得科技部等競爭型計畫機會也較多，因此，有利於研究產出模型建構（Cattaneo et al., 2016; Copes et al., 2012; Cvetanovich et al., 2016）。

四、研究二：教師教學評量分數之成因探索

　　前述已分析十年間教師人口變項對授課科目、授課時數、教學評量成績的預測情形，由於可能影響「教學評量成績」的尚有學生及課程因素，基於十年間課程數量龐雜，此二因素在前述分析中並不利於呈現。因此，研究二僅就 106 學年上、下學期共

3942 門課程，綜合分析教師、學生、課程因素對教學評量成績的預測力。採用階層迴歸分析，階段一投入教師因素（性別、年齡、P 校年資、職級），階段二再投入學生因素（三題學生自評題目分數），階段三再投入課程因素（必修／選修／通識、大學或研究所課程、修課人數），並且設立「男 _ 女性」、「助理 _ 副教授」、「正 _ 副教授」、「選 _ 必修」、「通識 _ 必修」、「研究所 _ 大學」虛擬變項。分析後共線性診斷值 VIF 最大為 4.83，小於 10，代表無共線性問題，結果如表 5 所示。

表 5　教師、學生、課程因素對教學評量成績之階層迴歸分析摘要表

IV	DV	教學評量成績		
		S1	S2	S3
教師	男 _ 女性	−.05*	−.01	−.01
	年齡	−.29***	−.14***	−.12***
	本校年資	.13***	.04	.02
	助理 _ 副教授	.03	.03	.02
	正 _ 副教授	.06**	.04*	.03*
學生	學生自評 1		.69***	.71***
	學生自評 2		.01	.06
	學生自評 3		−.06**	−.08***
課程	選 _ 必修			−.02
	通識 _ 必修			−.02
	研究所 _ 大學			−.06**
	修課人數			.10***
R^2		.047***	.506***	.525***
$\triangle R^2$		.047***	.457***	.020***

*p < .05　**p < .01　***p < .001

（一） 分析結果

由表 5 可知，階段一 R^2 值為 .047（$p < .001$），顯示教師人口變項是有效預測因素，性別 β 值為 $-.05$（$p < .05$），顯示女性教師教學評量成績較高；年齡 β 值為 $-.29$（$p < .001$），顯示年齡較輕的教師教學評量成績較高；在校年資 β 值為 .13（$p < .001$），顯示較資深的教師教學評量成績較高；正_副教授 β 值為 .06（$p < .05$），顯示正教授的教學評量成績較副教授高。

階段二再加入學生因素，性別 β 值轉為未達 .05 顯著水準，年齡 β 值為 $-.14$（$p < .001$），顯示年輕教師教學評量成績較高；正_副教授 β 值為 .04（$p < .05$），顯示正教授的教學評量成績較副教授高。又，在加入學生自評題目後，R^2 值增加 .457（$p < .001$），顯示學生因素是有效預測因素，其中學生自評 1 的 β 值為 .69（$p < .001$），顯示學生自評 1 分數愈高，可預測教師教學評量成績較高；學生自評 3 的 β 值為 $-.06$（$p < .01$），顯示學生自評 3 分數愈高，反而可預測教師的教學評量成績愈低。

階段三再加入課程因素，年齡 β 值為 $-.12$（$p < .001$），顯示年輕教師的教學評量成績較高；正_副教授 β 值為 .03（$p < .05$），顯示正教授的教學評量成績較副教授高。又，學生自評 1 的 β 值為 .71（$p < .001$），顯示學生自評 1 分數愈高，可預測教師教學評量成績較高；學生自評 3 的 β 值為 $-.08$（$p < .001$），顯示學生自評 3 分數愈高，反而可預測教師的教學評量成績愈低。再者，在加入課程因素後，R^2 值增加 .020（$p < .001$），顯示課程因素是有效預測因素。其中研究所_大學 β 值 $-.06$（$p < .01$），顯示大學課程的教學評量成績高過於研究所；修課人數 β 值為 .10（$p < .001$），顯示修課人數愈多，可預測該課程的教學評量成績愈高。

（二） 討論

　　教師、學生、課程等因素皆是預測教學評量成績的有效因素，且依據 $\triangle R^2$ 可知預測力大小依序為：學生、教師、課程。分析結果可整理為：授課教師年輕者或為正教授、學生自評第一題成績高者、學生自評第三題成績低者、大學相較於研究所課程、修課人數高，皆可預測教學評量成績較高，此可對照 Civian 與 Brennan（1996）、Feldman（1983）結果。

　　以學生因素而言，學生自評「1. 我覺得這門課對我的專業知能有所增進。」為正向預測指標，一方面有助學生自省學習成效，另一方面可幫助教師瞭解教學成效，此與張利中等（2003）、黃義良與鄭博真（2011）等結果可相互對照。然而，自評「3. 我修習本科目的學習態度非常認真。」反而是負向預測指標，研究者認為「嫌貨人才是買貨人」，當學生對該門課投注較多期待與心力時，也可能對教師教學有更高標準。至於，自評「2. 我認為這門課程內容符合我的了解程度。」無法成為有效預測指標，其題意似乎不甚清楚，而有修改之必要性。

　　以課程因素而言，相較於研究所課程，大學課程教師會獲得較高教學評量分數，對照以獨立樣本 t 檢定計算大學與研究所課程之教學評量成績差異，得到 $t = -7.46$（$p < .001$）的相反結果，看似矛盾。然而，依統計原理，在控制重要預測變項下所得結果較為可靠。細究原因，研究所修課人數較少，極少數學生的負向極端評分可能造成低評量成績。此與曾明基、邱皓政（2015）針對他校作的結果不同，可供後續比較對照之。

五、研究三：教師研教服之關係探索

（一） 積差相關情形

表 6 為教師十年間研教服積差相關情形，可知教學內部兩兩之間、研究內部兩兩之間、服務內部兩兩之間均有顯著正相關；研教服彼此兩兩之間大部分亦有顯著正相關，且以「科技部計畫數」和「參與委員會數」相關 .41 為最高；此外，「兼行政職數」與「授課時數」有顯著負相關 −.29。上述分析可知教師研教服之間基本關聯情形，為以下預測分析提供基礎。

（二） 以教師教學、服務情形預測研究情形

表 7 為以教學、服務產出為預測變項，整體研究情形（含投入與產出）為依變項，進行多元迴歸分析。可知：以教學而言，授課科目數可正向預測科技部、其他校外計畫數，以及研討會、期刊論文數，但授課時數卻負向預測研討會論文數，教學評量成績亦負向預測科技部計畫數與期刊論文數。至於，以服務而言，兼行政職總數可負向預測校內計畫數、正向預測其他校外計畫數，而參與委員會數則可正向預測校內、科技部計畫數及研討會論文數。

（三） 討論

研究三結果顯示：研教服各自內部兩兩之間有顯著正相關，顯示測量指標具有聚斂效度；而「科技部計畫數」和「參與委員會數」有高相關，突顯教師參與委員會除了可以積累人脈，亦同樣在主持科技部計畫上有所斬獲。相較而言，教學與研究間相關較低，僅「授課科目數」與「研討會論文數」相關較高（為.40），可能是因為均屬在台上講述而性質相近。此外，「兼行政職數」與「授課時數」有負相關，可能是擔任行政職可減授鐘

表 6 教師教學、研究、服務情形之積差相關分析摘要表

		教學			研究					服務		
		科目數	授課時數	教學評量成績	校內計畫數	科技部計畫數	其他校外計畫數	研討會論文數	期刊論文數	107學年是否兼行政職	十年間兼行政職總數	參與委員會數
教學	授課時數	.57***										
	教學評量成績	.38***	.61***									
研究	校內計畫數	.12*	.14*	.13*								
	科技部計畫數	.18**	.05	.03	.20***							
	其他校外計畫數	.26**	.11	.10	.47***	.30***						
	研討會論文數	.40***	.14*	.13*	.24***	.47***	.35***					
	期刊論文數	.20***	.02	-.01	.14*	.59***	.25***	.65***				
服務	107學年是否兼行政職	.01	-.02	.06	.05	.14*	.08	.05	.07			
	十年間兼行政職總數	-.06	-.29***	-.11	-.05	.30***	.17**	.18**	.21***	.46***		
	參與委員會數	.14*	-.02	-.07	.13*	.41***	.16**	.31***	.22***	.31***	.65***	

*$p < .05$ **$p < .01$ ***$p < .001$

表 7　教師教學、服務情形對研究情形之迴歸分析摘要表

IV \ DV		主持計畫數			論文數	
		校內	科技部	其他校外	研討會	期刊
教學	科目數	.01	.12*	.24***	.36***	.22***
	授課時數	−.04	−.11	−.03	−.13*	−.12
	教學評量成績	.11	−.20***	.06	.04	−.17**
服務	107 學年是否兼行政職	.06	−.02	−.01	−.06	−.03
	十年間兼行政職總數	−.25**	.03	.17*	.02	.11
	參與委員會數	.28***	.37***	.02	.27***	.12
	R^2	.059**	.224***	.091***	.210***	.126***
	調整 R^2	.039	.209	.073	.194	.108

*$p < .05$　**$p < .01$　***$p < .001$

點緣故。綜言之,可證實研教服間有所關聯。

　　進一步以教學、服務來預測整體研究情形,可知:教學中以授課科目數可正向預測多數計畫與論文數,但授課時數、教學評量成績卻負向預測部分計畫與論文數。至於,服務中唯兼行政職總數可負向預測校內計畫數,而參與委員會數可預測多數計畫數與研討會論文數。顯示:P 校教師教學和研究績效有相衝突狀況,此與 Fox(1992)、Ramsden 與 Moses(1992)等結果類似;而服務績效愈顯著者,連帶會創造獲得各種政府或校外研究計畫的機會,並且有較佳論文產能,因此服務與研究兩者相得益彰。

伍、結論與建議

一、結論

（一）各職級教師有獨特研究產出途徑，正教授多元，副教授穩定，助理教授以研討會發表為主。

從研究結果得知，P 校的正教授論文產出途徑較為多元靈活，主持計畫可直接生成期刊論文，也可間接由研討會生成期刊論文；其次為副教授，主持計畫後會先生成研討會論文，後續才產出期刊論文；最後是助理教授，其論文產出從計畫生成研討會論文為主，還未能穩定產出期刊論文。

（二）教師、學生、課程可有效預測教學評量成績，年輕教師或正教授授課的課程、學生自評課程對專業知能有幫助的課程、大學課程或修課人數較高課程，教學評量成績較高。

從研究結果得知，預測教學評量成績的有效程度由大而小依序為：學生、教師、課程，且授課教師年輕者或為正教授、學生自評該課程對專業有所幫助的課程，以及大學課程（相較於研究所課程）、修課人數高的課程，皆可預測教學評量成績較高。學生自評之第 3 題形成負向指標，似有需後續修改題目的需要。

（三）教學與服務皆可有效預測教師研究情形，教學與研究有部分衝突，服務相對較能支持研究。

從研究結果得知，授課科目數可正向預測多數計畫與論文數，但授課時數卻負向預測研討會論文數、教學評量成績亦負向預測科技部計畫數與期刊論文數，顯見教學與研究有部分衝突。再者，兼行政職總數僅負向預測校內計畫數，卻正向預測其他校外計畫數；參與委員會數則可正向預測校內、科技部計畫數及研討會論文數，相較而言，服務較能支持研究。

二、建議

（一）學校行政支持改善

1. 促成不同職級間教授的學術合作，輔導助理教授從計畫產生期刊論文。

　　從研究結果發現，P 校的校內計畫無法有效助益研究產出，但科技部計畫有助正、副教授產出期刊論文，助理教授卻僅能藉此產出研討會論文。未來可針對助理教授有更全面性的獎勵誘因，協助從研究投入過渡到產出階段。再者，唯獨其他校外計畫能幫助正教授產出論文，建議正教授可以跨職級合作方式申請校外計畫並產出論文，輔助副、助理教授連結學術網絡。

2. 研擬相關人事考核、升等與獎勵辦法，藉以形成更公平的評比機制。

　　從研究結果發現，P 校的大學課程、修課人數高的課程，其教師教學評量成績較佳；研究亦發現：P 校教師研究與教學的衝突性較高，服務反而有助於研究。這些研究成果皆可形成人事考核、升等與獎勵的政策參考，如：建議研擬研究所與大學兩種不同教學評量評比方式，以形成更公平的優良教師評比機制，並且持續修正多元升等辦法，針對各種升等之績效指標，提供更為清晰的發展路線。

3. 系所主管宜關注教師各項研教服的特質與績效，創造合宜工作環境。

　　從研究結果發現，P 校採用的研教服績效指標具有一定的聚斂效度，象徵學校所採用的各項評鑑機制具有一定的有效程度。然而，每位教師在研教服上的強項不同，也形成個人特質。以職級而言，本研究即發現：職級愈高可預測研教服績效愈好。因此，

建議教學單位主管可輔佐每位教師達成各項評鑑的「硬指標」，並且在基礎之上發揮個人所長。

（二）教師學術生涯發展

1. 各職級教師宜審酌自身學術投入與產出之過程，找出最有利的途徑。

從研究結果發現，P校正教授的研究產出途徑多元，副教授穩定，而助理教授相對弱勢。然而，各職級教師均有可努力的目標，外在目標如升等、獲獎，內在目標如保持學術價值或傳承。因此，建議各職級教師宜審酌自身職級的可能學術產出途徑，針對不足處予以補強，並且設法衍生更多學術與人際脈絡，以發展出更豐富的學術產出。

2. 教師宜把握時機累積研教服經驗並力求升等，以助益各項績效產出。

從研究結果發現，P校助理教授的研教服產出均較為不利，且教學與研究較易相衝突，服務則與研究相輔相成。因此，建議教師權衡教學與研究的時間分配，平常認真備課、進行創意教學，課餘努力研究、撰稿著述，以期能夠發表論文及出版書籍；此外，亦可積極參加學術委員會，累積學術人脈，亦有助升等。

3. 他校教師可藉由校務研究成果了解校系學術生態，明晰自身發展取徑。

從研究結果發現，P校教師的職級間皆有其獨特的學術產出方式，且研教服之間或有相互衝突或輔助的狀況，此為P校特有的學術生態。但各校情況不同，建議他校教師可藉由類似的校務研究成果，充分了解該校系的學術生態，並且從中明晰個人的發展取徑。

（三）校務研究資料庫建置

1. 各校均可針對研教服發展客觀測量指標，納入校資料庫，明晰校系學術生態。

　　本研究藉由對 P 校的研教服發展出多元客觀衡量指標，然而，各項指標均可再加以精進，如：研究方面，主持計畫數可加入非營利、產學計畫等種類，論文數可加入專書論文或針對期刊論文分級；教學方面，可加入教學計畫數、創意教材數、數位教材數等；服務方面，可加入擔任導師數、職涯導師數、指導研究生數等。再者，各校均有針對升等教師進行研教服績效計算，可全面納入校資料庫，進而有助學校進行校務研究，獲致更清晰的校系學術生態。

2. 各校應發展校務資料申請的分級與發表制度，並且與圖資處與業管單位建立相關辦法。

　　本研究在資料取得過程中，須向圖資處撈取教師人事與研教服資料，並且經過資料業管單位核可，始能進行研究。此過程說起來容易，做起來卻很難，因為業管單位很可能無法信任資料會被妥善運用，更怕衍生個資外洩的法律問題。建議學校建立一套嚴謹的資料申請、運用、發表等制度，例如：針對校務資料申請進行分級，有些資料可以去識別化後進行研究與發表，有些則過度牽涉敏感議題而不適合申請，更不適合發表。如何有效且合法取用，極需資料業管單位協調，建立相關辦法，才能讓校務研究更合理而順利進行。

3. 業管單位對資料釋出採取更開放、信任的態度，以助瞭解現況、發展對策、尋求進步。

　　本研究主要從職級角度，探索 P 校教師研教服概況，並未探

討院系間研教服績效差異，是為了避免院系間不必要的表面比較，因為各院系的研教服生態本來就不同，不宜貿然比較之。然而，「了解現況、發展對策、尋求進步」是學校發展的不二法門，當學校對於資訊安全有嚴格的把關，將教師的資料採取去識別化後，資料業管單位應採更為開放、信任的態度，讓校務研究辦公室對研教服進行研究，才能藉此發展或修正人事相關政策。

謝誌：本著作緣於靜宜大學校內計畫經費支持，在作者撰稿、投稿時仍任職於該校犯罪防治碩士學位學程及招生專業化辦公室，出版時已轉任為弘光科技大學護理系助理教授及校務研究辦公室組長。再者，本人對於先前在高雄醫學大學服務期間，時任校務研究辦公室執行秘書之黃淑玲副教授所給予的校務研究專業訓練與心理支持，由衷致上感謝。

附錄 1　教師聘任與升等評估重點

節錄自 P 校 2021 年第 21 版《教師聘任與升等辦法》及第 15 版《教師聘任與升等評審細則》。

一、研究：

研究部分需申請人選定專門與參考著作進行審核，辦法載明：「送審著作以已出版公開發行或經出版社出具證明將出版公開發行之專書、於學術專業刊物發表或由該刊物出具證明將定期發表者、具正式審查程序研討會發表且集結成冊出版公開發行之著作為限。」

二、教學：

1. 教學成效（依教學評量成績及其他資料評定）；2. 課程大綱撰寫與施行；3. 講義或教學專書之撰寫與出版；4. 教具、媒體或視聽器材之製作、開發；5. 指導論文或研究；6. 課外教學輔導；7. 成績考核之公平、合理與正確性；8. 課程講授中師生互動之和諧性；9. 與教務行政之配合；10. 其他有助於教學之審查事項。

三、服務：

1. 兼任行政職務、導師、委員或會議代表；2. 會議出席狀況；3. 擔任導師並定期召開班會；參與班級或校內學生活動；4. 兼任社團或刊物指導老師；5. 專業教室、實驗室、儀器之規劃、管理、維護；6. 參與系、院、校之公共事務；7. 推廣教育規劃、教學、服務；8. 特殊校外表現（如社會貢獻或社區服務等）；9. 參與學會、研討會、講座、演講及公益事業與 P 校相關服務事項；10. 服務年資；11. 其他有助於服務事項。

參考文獻

何希慧（2015）。推動大學教師評鑑及教學評量的省思與建議。**評鑑雙月刊，55**（3），9-12。

杜娟娟（2002）。教學與研究：大學教師的工作投入時間。**屏東師院學報，17**，135-173。

林俊瑩、謝亞恆、陳成宏（2014）。臺灣地區大專院校教師對學校評價的影響機制：學校屬性與教師分級的區隔作用。**教育科學研究期刊，59**（3），29-58。

張利中、施建彬、殷志男（2003）。教師教學行為與學生自我學習評鑑關係之研究。**研究與動態，8**，125-139。

張德勝（1998）。學生評鑑教師教學：以花蓮師範學院為例。在八十六學年花蓮師範學院學術研討會論文集 I（頁 1-22）。花蓮師範學院。

教育部高教司（2017）。教師多元升等制度座談會。https://tpr.moe.edu.tw/uploadImages /files/00-%E6%95%99%E8%82%B2%E9%83%A8(2).pdf

曾明基、邱皓政（2015）。研究生評鑑教師教學的結果真的可以與大學生一起比較嗎？多群組混合 MIMIC-DIF 分析。**測驗學刊，62**（1），1-24。

黃素君、陳偉瑀、陳安妮（2014）。學生評鑑體育教師教學滿意度之研究：以亞太創意技術學院為例。**興大體育學刊，13**，21-33。

黃淑玲、沈碩彬（2017）。大學教師職級、主持研發計畫數與研究產出關聯性之探討：以一所私立醫學大學為例。**教育科學研究期刊，62**（4），1-28。

黃義良、鄭博真（2011）。大學通識課程學生評鑑教師教學量表驗證與影響因素考驗。**臺中教育大學學報：教育類，25**（1），139-161。

蔡佳芳、謝才智（2021）。績效管理制度對私立高校教師工作投入度的影響。**臺灣教育評論月刊，10**（1），239-248。

鄭淑美、劉乙萱、徐一萍（2020）。**2020 年 NPHRST 國內大專教師與研究人員職務內容與時間分配調查報告**。https://reurl.cc/jDMLeD

Baron, R. M., & Kenny, D. A. (1986). The moderator-mediator variable distinction in social psychological research: Conceptual, strategic, and statistical considerations. *Journal of Personality and Social Psychology, 51*, 1173-1182.

Blumenthal, D. M., Olenski, A. R., Yeh, R. W., Yeh, D. D., Sarma, A., Schmidt, A. C. S., Wood, M. J., Jena. A. B. (2017). Sex differences in faculty rank among academic cardiologists in the United States. *Circulation, 135*(6), 506-517.

Boyer, E. L. (1990). *Scholarship Reconsidered: Priorities of the Professoriate.* Jossey-Bass.

Brockx, B., Spooren, P., & Mortelmans, D. (2011). Taking the grading leniency story to the edge. The influence of student, teacher, and course characteristics on student evaluations of teaching in higher education. *Educational Assessment, Evaluation and Accountability, 23*(4), 289-306.

Cattaneo, M., Meoli, M. & Signori, A. J. (2016). Performance-based funding and university research productivity: The moderating effect of university legitimacy. *The Journal of Technology Transfer, 41*(1), 85-104.

Civian, J. T., & Brennan, R. T. (1996). Student and Course Factors Predicting Satisfaction in Undergraduate Courses at Harvard University. American Educational Research Association. Volume: ERIC ED394440

Copes, H., Khey, D. N., & Tewksbury, R. (2012). Criminology and criminal justice hit parade: Measuring academic productivity in the discipline. *Journal of Criminal Justice Education, 23*(4), 423-440.

Crespo, M., & Bertrand, D. (2013). *Faculty Workload in a Research Intensive University: A Case Study.* CIRANO.

Cvetanovich, G. L., Saltzman, B. M., Chalmers, P. N., Frank, R. M., Cole, B. J., & Bach, B. R. (2016). Research productivity of sports medicine fellowship faculty. *Orthop J Sports Med, 4*(12). https://doi.org/10.1177/2325967116679393

Davis, J. C., & Patterson, D. M. (2001). Determinants of variations in journal publication rates of economists. *American Economist, 45*(1), 86-91.

Feldman, K. A (1983). Seniority and experience of college teachers as related to evaluations they receive from students. *Research in Higher education, 18*, 3-124.

Fox, M. F. (1992). Research, teaching, and publication productivity: Mutuality versus competition in academia. *Sociology of Education, 65*, 293-305.

Hattie, J. A. C. & Marsh, H. W. (1996). The relationship between research and teaching: A meta-analysis. *Review of Educational Research, 66*, 507-542.

Hesli, V. L., & Lee, J. M. (2011). Faculty research productivity: Why do some of our colleagues publish more than others? *Political Science & Politics, 44*(2), 393-408.

Kaschak, E. (1978). Sex bias in student evaluations of college professors. *Psychology of Women Quarterly, 2*(3), 235-242.

Kyvik, S. (1990). Motherhood and scientific productivity. *Social Studies of Science, 20*(1), 149-160.

Marmion, S., & McWhorter, R., & Delello, J. (2018). Understanding the productivity of faculty members in higher education. *International Journal of Management in Education, 12*, 154-178.

Marsh, H. W., & Hattie, J. (2002). The relation between research productivity and teaching effectiveness—Complementary, antagonistic, or independent constructs? *Journal of Higher Education, 73*(5), 603-641.

Meyer, K. A. (1998). Faculty workload studies: Perspectives, needs, and future directions. *ASHE-ERIC Higher Education Report, 26*(1), 1-129.

O'Meara, K. A., Kuvaeva, A., Nyunt, G., Waugaman, C., & Jackson, R. (2017). Asked more often: Gender differences in faculty workload in research universities and the work interactions that shape them. *American Educational Research Journal, 54*(6), 1154-1186.

Porter, S., & Umbach, P. (2001). Analyzing faculty workload data using multilevel modeling. *Research in Higher Education, 42*(2), 171-196.

Ramsden, P. (1994). *Using research on student learning to enhance educational quality*. Griffith Institute for Higher Education.

Ramsden, P., & Moses, I. (1992). Association between research and teaching in Australian higher education. *Higher Education, 23*, 273-295.

Sax, L. J., Hagedorn, L. S., Arredondo, M., & Dicrisi, F. A. (2002). Faculty research productivity: Exploring the role of gender and family-related factors. *Research in Higher Education, 43*(4), 423-446.

Sobel, M. E. (1982). Asymptotic confidence intervals for indirect effects in structural equation models. *Sociological Methodology, 13*, 290-312.

Spooren, P., & Mortelmans, D. (2006). Teacher professionalism and student evaluation of teaching: will better teachers receive higher ratings and will better students give higher ratings? *Educational Studies, 32*(2), 201-114.

Susan, B. (2022). Probing the level of job productivity of faculty members in public universities. *Journal of Positive School Psychology, 6*(8), 9469-9482.

Taylor, S. W., Fender, B. F., & Burke, K. G. (2006). Unraveling the academic productivity of economists: The opportunity costs of teaching and service. *Southern Economic Journal, 72*(4), 846-859.

Teodorescu, D. (2000). Correlates of faculty publication productivity: A cross-national analysis. *Higher Education, 39*, 201-222.

Webber, K. L. (2011). Measuring faculty productivity. In J. C. Shin, R. K. Toutkoushian, & U. Teichler (Eds.), *University Rankings: Theoretical Basis, Methodology and Impact on Global Higher Education* (pp. 105-121). Springer.

Zhang, C., Murata, S., Murata, M, Fuller, C. D., Thomas, C. R., & Holliday, E. B. (2017). Factors associated with increased academic productivity among US academic radiation oncology faculty. *Practical Radiation Oncology, 7*(1), e59-e64.

經濟與文化不利畢業學生在學經驗與其未來就業表現之初探

銘傳大學通識教育中心專案助理教授
魯盈讌
高雄醫學大學公共衛生學系教授
校務研究暨企劃辦公室主任
李建宏

壹、緒論

　　學校長期挹注許多的經費與教育資源於經濟或文化不利學生的就學與職涯輔導上，除了提供專業化的知識課程，規劃多元化的職涯發展課程與企業徵才活動，也幫助這群孩子在就學期間藉由校內外工讀與企業實習參訪等機會，從中更加瞭解自我未來職涯的發展，建立更廣泛的人脈關係，以利未來能有效將所學實際應用在職場上，及早為工作藍圖作準備。

　　為了瞭解這群經濟或文化不利學生在就學階段的學習經驗、進修或考試經驗、職涯活動或就業實習參與經驗，對於其未來畢業後的就業狀況（例如：畢業後找到工作時間、畢業後平均每月收入等）之影響，本研究藉由畢業生流向調查資料庫進行實證導向的校務研究分析，期待研究成果可作為未來學校擬定相關政策與推動校務發展的參考依據。

貳、文獻探討

一、經濟與文化不利學生的教育問題

　　教育的功能之一在於促進社會的流動，即在教育制度中依循著個人的努力，取得社會向上流動的機會。然而，不同階層學生在教育機會與教育品質上的不均等（Mangan et al., 2010），也使得透過教育來促進社會流動的功能大受影響。

　　許多文獻指出，經濟條件與文化背景可能會影響孩子的天賦發展。例如：家庭經濟可能會阻礙孩子參與學校教育學習、影響人際互動關係以及參與課外活動的機會等（Curran & Kellogg, 2016; Levy et al.,2016; Michelmore & Dynarski, 2016）。沈暉智與林明仁（2018）研究指出，家庭經濟背景與獲得高等教育機會有顯著正相關；許添明等（2018）研究也指出，以家長教育程度為例，如果父母親皆未完成中等教育，其子女只有15%的機會可以進入大學，但若父母親當中有一人曾接受過大學教育，其子女進入大學就讀的機率就高達60%。綜合以上，家庭社經背景仍是影響子女求學發展的重要關鍵因素之一。

　　教育部為了照顧經濟與文化不利學生，提出了大專校院助學措施，包括學雜費減免、工讀助學金、學產基金助學金、就學貸款等，以協助這群學生安心向學。然而，若是這些政策措施無法符應學生的需求，將可能使得扶助經濟與文化不利學生的政策美意大打折扣（許添明等，2022）。有鑑於此，如何將學校的助學經費與教育資源有效分配給這群經濟與文化不利的孩子，是值得我們進一步去深思探究的教育議題。

二、經濟與文化不利畢業學生學習與職涯活動經驗對其就業的影響

對經濟與文化不利畢業學生而言,有效的職涯發展是其人生重要的學習課題(鄭英耀等,2015)。因此,學校教育在學生尚未面對職場挑戰前,便應扮演好為他們裝備職涯工作能力的重要中介角色,使這群經濟與文化不利學生能及早裝備好自己的軟硬實力,隨時作好進入職場的準備工作。

過去的研究指出,許多經濟與文化不利學生進入大學後並不真正了解自己的學習興趣,他們對自己未來的職涯發展也相當徬徨,以致於大學期間的許多寶貴學習時間,浪費在無目標的學習上(Banerjee, 2016)。不少學生在快畢業時才開始思考畢業後就業、深造或準備國家考試等問題,倘若可以提前到大一或大二便開始思考及準備,更能有效縮短學生畢業後找尋合適工作的時間,也能更從容、成熟地進行個人職涯發展的行動。

武東星等(2018)指出學校應重視學生未來就業的專業知識培養,幫助學生在就學階段奠定扎實的專業基本素養能力,有助於未來就業的接軌。黃儒傑(2018)也提到學校應提供多元化的興趣選修課程,讓學生有更多選擇的機會去充實自我能力,畢業後有更好的條件去選擇薪水較高的工作。此外,除了校內課程的學習外,學校應協助學生累積一些校外實習的經驗,不僅能將所學加以應用,亦幫助學生從實習的過程中更加清楚瞭解自己的興趣及能力,建立人際互動網絡,對未來職涯發展有極大的助益(劉若蘭等,2016)。臺灣教育相當重視「學習」的效能與價值,尤其在工作職涯中的專業發展,更需要持續去學習強化自我能力,因此鼓勵學生持續進修擴增更寬廣的視野,也是未來求職的重要影響因素之一(方慶豐,2018)。當前職涯變遷相當快

速，單一的學校教育及機構訓練已無法完全滿足個人在未來的職場適應（龔心怡、李靜儀，2015），除了個人自我要求與努力外，從他人的實務經驗分享中，可學習到更多成功的原則與技巧。因此，學校應多辦理與職涯探索相關的講座與工作坊，讓這群經濟與文化不利的學生能從「學校—職場」間的「學—用」連結關係中，找到自己的學習興趣與人生目標，也能從體驗式學習中鍛鍊理論和實務的整合，提升其自我學習效能，促進個人職涯發展。

　　學生畢業離校後，面對外部的挑戰相當多，包括就業機會、學用合一、職場適應及抗壓性、職業流動與升遷、產業經濟變化，乃至個人與家庭經濟等問題。外在大環境的經濟影響及內在的個人學習因素，都導致學生未來須面臨「如何謀生」及「如何生活」的巨大挑戰。期待透過「大學—職場」的連結，提供其所需之專業課程學習與專業能力訓練，而學校辦理相關職涯與企業徵才活動，並鼓勵學生參與校內外工讀與實習機會等，可協助學生在就學時厚植社會資本並強化與產業界的連結，進而在畢業後尋得一份合適且薪資高的工作，盡早適應職場的環境，讓人生有翻轉的機會。是故，本研究將以此為研究主軸，進一步探究這群經濟或文化不利畢業學生的在學經驗對其未來就業表現的影響，將研究結果作為未來相關課程規劃與政策擬定的參考依據。

參、研究目的

一、探究經濟或文化不利畢業學生「在校學習經驗」對其就業表現的影響。

二、探究經濟或文化不利畢業學生「進修或考試經驗」對其就業表現的影響。

三、探究經濟或文化不利畢業學生「職涯活動或就業實習參
　　與經驗」對其就業表現的影響。

肆、研究方法

一、研究對象

　　本研究以高雄一所大學 105 至 108 學年度之經濟或文化不利
畢業學生為研究對象，分析學生畢業後一年的職業流向。由於
畢業生流向問卷調查主要在瞭解目前工作中的畢業生表現，是故
本研究聚焦在探討目前工作中經濟或文化不利畢業學生的學習經
驗、進修或考試經驗、職涯活動或就業實習參與經驗，對於其未
來畢業後的就業表現影響。本研究對象為 222 位目前在工作中的
經濟或文化不利畢業學生，相關背景資訊如表 1。

二、資料分析

（一）利用描述性統計分析研究對象的個人背景狀況。

（二）利用描述性統計分析研究對象的在校學習經驗、進修
　　　或考試經驗、職涯活動或就業實習參與經驗概況。

（三）利用多項式邏輯迴歸分析探討經濟或文化不利畢業學
　　　生在校學習經驗、進修或考試經驗、職涯活動或就業
　　　實習參與經驗，對其畢業後找到工作時間與畢業後平
　　　均每月收入的影響。

表 1 研究對象之背景變項描述性統計分析結果

	105 學年度 (N＝55)		106 學年度 (N＝55)		107 學年度 (N＝56)		108 學年度 (N＝56)		105-108 學年度 (N＝222)	
	個數	百分比	個數	百分比	個數	百分比	個數	百分比	個數	百分比
性別										
男性	16	29.09%	15	27.27%	23	41.07%	22	39.29%	76	34.23%
女性	39	70.91%	40	72.73%	33	58.93%	34	60.71%	146	65.77%
弱勢身分										
中低收入戶子女	9	16.36%	8	14.55%	5	8.93%	16	28.57%	38	17.12%
身障人士子女	13	23.64%	16	29.09%	25	44.64%	13	23.21%	67	30.18%
身障學生	1	1.82%	2	3.64%	1	1.79%	4	7.14%	8	3.60%
原住民學生	8	14.55%	8	14.55%	10	17.86%	8	14.29%	34	15.32%
特殊境遇家庭子女	0	0%	1	1.82%	0	0%	2	3.57%	3	1.35%
教育部弱勢助金學生	24	43.64%	20	36.36%	15	26.79%	13	23.21%	72	32.43%
學院										
人文社會科學院	7	12.73%	9	16.36%	6	10.71%	7	12.50%	29	13.06%
生命科學院	0	0%	4	7.27%	2	3.57%	0	0%	6	2.70%
健康科學院	14	25.45%	18	32.73%	18	32.14%	16	28.57%	66	29.73%
醫學院	14	25.45%	11	20.00%	17	30.36%	14	25.00%	56	25.23%
藥學院	9	16.36%	6	10.91%	4	7.14%	9	16.07%	28	12.61%
護理學院	6	10.91%	4	7.27%	6	10.71%	5	8.93%	21	9.46%
口腔醫學院	5	9.09%	3	5.45%	3	5.36%	5	8.93%	16	7.21%

三、研究架構圖

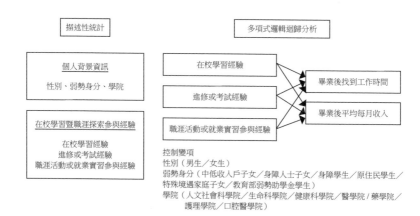

伍、研究結果與討論

一、探究經濟或文化不利畢業學生「在校學習經驗」對其就業表現的影響

（一）經濟或文化不利畢業學生「在校學習經驗」概況分析

根據表 2，在 105 至 108 學年度經濟或文化不利畢業學生中，共有 222 位目前在工作中。對於這群學生來說，學校提供的在校學習經驗中，「專業知識」（33.33%）對其工作有最大的幫助，其次為「校外實習」（18.16%），再來為「校內課程」（17.79%）、「建立人脈」（16.85%）及「其他」（13.87%）。

表 2 經濟或文化不利畢業學生「在校學習經驗」概況分析結果

	105 學年度 (N = 55)		106 學年度 (N = 55)		107 學年度 (N = 56)		108 學年度 (N = 56)		105 至 108 學年度 (N = 222)	
	個數	百分比	個數	百分比	個數	百分比	個數	百分比	個數	百分比
專業知識	44	31.21%	38	30.16%	47	37.31%	49	34.75%	178	33.33%
建立人脈	24	17.02%	20	15.87%	25	19.84%	21	14.89%	90	16.85%
校內課程	28	19.86%	19	15.08%	19	15.08%	29	20.57%	95	17.79%
校外實習	25	17.73%	20	15.87%	23	18.26%	29	20.57%	97	18.16%
其他	20	14.18%	29	23.02%	12	9.51%	13	9.22%	74	13.87%

註：「其他」項目包含社團活動、語言學習、國際交流、志工服務、擔任助理、其他訓練。

（二）經濟或文化不利畢業學生「在校學習經驗」對其畢業後找到工作時間的影響

根據表 3 分析結果，在個人背景變項「性別」的預測上，男性經濟或文化不利畢業學生在畢業後約一個月內找到工作，表現顯著優於女性畢業生（OR = 0.352*）；在「弱勢身分」的預測上未達顯著影響效果；在「學院」的預測上，醫學院經濟或文化不利畢業學生在畢業後約一個月內找到工作，表現顯著優於人文社會科學院畢業生（OR = 10.561**）。

將學生性別、弱勢身分與學院等干擾變數排除後，「校內課程」學習經驗對於學生畢業後約一至三個月找到工作會有顯著影響效果（OR = 3.205*）；「校內課程」（OR = 3.325*）與「校外實習」（OR = 3.310*）學習經驗對於學生畢業後約一個月內找到工作會有顯著影響效果。

（三）經濟或文化不利畢業學生「在校學習經驗」對其畢業後平均每月收入的影響

根據表 4 分析結果，在個人背景變項「性別」的預測上，男性經濟或文化不利畢業學生在畢業後平均每月收入五萬元以上表現顯著優於女性畢業生（OR = 0.239*）；在「弱勢身分」的預測上，身障人士子女在畢業後平均每月收入五萬元以上，表現顯著優於中低收入戶子女（OR = 7.139*）、中低收入戶子女在畢業後平均每月收入五萬元以上，表現顯著優於身障學生（OR = 0.057*）；在「學院」的預測上，醫學院經濟或文化不利畢業學生在畢業後平均每月收入五萬元以上，表現顯著優於人文社會科學院畢業生（OR = 8.446*）。

將學生性別、弱勢身分與學院等干擾變數排除後，「專業知識」（OR = 3.935**）與「校內課程」（OR = 2.985*）學習經

表3 經濟或文化不利畢業學生「在校學習經驗」對其畢業後找到工作時間的影響多項式邏輯迴歸分析結果

	畢業後找到工作時間			
	約一至三個月		約一個月內	
	OR 值	p 值	OR 值	p 值
性別				
男性	參考組			
女性	0.447	0.125	0.352*	0.042
弱勢身分				
中低收入戶子女	參考組			
身障人士子女	0.825	0.772	1.000	1.000
身障學生	1.055	0.963	0.486	0.580
原住民學生	0.721	0.690	1.957	0.385
特殊境遇家庭子女	1.968	0.695	1.655	0.781
教育部弱勢助學金學生	1.818	0.385	1.826	0.394
學院				
人文社會科學院	參考組			
生命科學院	0.072	0.912	3.814	0.236
健康科學院	0.884	0.854	0.849	0.828
醫學院	1.984	0.414	10.561**	0.006
藥學院	2.604	0.272	3.158	0.230
護理學院	0.630	0.679	4.485	0.116
口腔醫學院	0.559	0.681	5.597	0.110
在校學習經驗				
專業知識	1.574	0.452	0.656	0.464
建立人脈	1.805	0.239	0.938	0.894
校內課程	3.205*	0.025	3.325*	0.016
校外實習	1.241	0.668	3.310*	0.020
其他	1.499	0.420	0.810	0.647

註：$**p < 0.01$，$*p < 0.05$

表 4 經濟或文化不利畢業學生「在校學習經驗」對其畢業後平均
每月收入的影響多項式邏輯迴歸分析結果

	畢業後平均每月收入			
	三至五萬元		五萬元以上	
	OR 值	p 值	OR 值	p 值
性別				
男性	參考組			
女性	0.327	0.061	0.239*	0.026
弱勢身分				
中低收入戶子女	參考組			
身障人士子女	1.535	0.556	7.139*	0.015
身障學生	0.165	0.115	0.057*	0.015
原住民學生	1.039	0.963	1.992	0.443
特殊境遇家庭子女	1.291	0.878	3.524	0.448
教育部弱勢助學金學生	2.270	0.219	1.424	0.653
學院				
人文社會科學院	參考組			
生命科學院	1.344	0.814	1.977	0.694
健康科學院	3.116	0.109	1.253	0.839
醫學院	1.085	0.916	8.446*	0.044
藥學院	0.163	0.114	2.144	0.463
護理學院	5.588	0.195	5.045	0.307
口腔醫學院	0.172	0.077	2.663	0.398
在校學習經驗				
專業知識	3.935**	0.008	3.666*	0.025
建立人脈	1.111	0.825	3.090*	0.038
校內課程	2.985*	0.050	3.509*	0.039
校外實習	1.092	0.859	0.479	0.203
其他	0.708	0.398	0.409	0.097

註：**$p < 0.01$，*$p < 0.05$

驗對於學生畢業後平均每月收入三至五萬元會有顯著影響效果；「專業知識」（OR = 3.666*）、「建立人脈」（OR = 3.090*）與「校內課程」（OR = 3.509*）學習經驗對於學生畢業後平均每月收入五萬元以上會有顯著影響效果。

（四）綜合討論

本研究呼應劉若蘭等（2016）研究結果，指出校內課程的學習能幫助學生奠定專業知識基礎，倘若學生再累積一些校外實習的經驗，不僅更可應用所學，也能從實習的過程中，更加清楚瞭解自己的興趣及能力。本研究也進一步發現，除了「校內課程」外，若能搭配「校外實習」學習經驗，更能有效縮短經濟與文化不利畢業學生找到工作的時間，而這群學生若在就學期間便能瞭解「建立人脈」的重要性，逐步拓展人際互動網絡，對其未來畢業後的薪資也會產生正向影響。綜合以上，建議學校能多重視這些經濟與文化不利學生「專業知識」、「校內課程」、「建立人脈」與「校外實習」的學習經驗，從中建立這群學生的自信心與學習效能，俾使其畢業後有更好的職涯發展。

二、探究經濟或文化不利畢業學生「進修或考試經驗」對其就業表現的影響

（一）經濟或文化不利畢業學生「進修或考試經驗」概況分析

根據表 5，在 106 至 108 學年度經濟或文化不利畢業學生中，共有 167 位目前在工作中。對於這群學生來說，在是否有進修或考試經驗中，半數以上的學生「無相關經驗」（56.29%），其次分別為「國內外進修」（15.57%）、「準備考試」（15.57%）與「其他」（12.57%）。

表 5 經濟或文化不利畢業學生「進修或考試經驗」概況分析結果

	105 學年度 (N＝0)		106 學年度 (N＝55)		107 學年度 (N＝56)		108 學年度 (N＝56)		106 至 108 學年度 (N＝167)	
	個數	百分比	個數	百分比	個數	百分比	個數	百分比	個數	百分比
無相關經驗	無調查資料		29	52.73%	34	60.71%	31	55.36%	94	56.29%
國內外進修			15	27.27%	4	7.15%	7	12.50%	26	15.57%
準備考試			8	14.55%	12	21.43%	6	10.71%	26	15.57%
其他			3	5.45%	6	10.71%	12	21.43%	21	12.57%

（二）經濟或文化不利畢業學生「進修或考試經驗」對其畢業後找到工作時間的影響

根據表 6 分析結果，在個人背景變項「性別」的預測上，男性經濟或文化不利畢業學生在畢業後約一個月內找到工作，表現顯著優於女性畢業生（OR = 0.361*）；在「弱勢身分」的預測上未達顯著影響效果；在「學院」的預測上，醫學院（OR = 9.026**）、護理學院（OR = 7.062*）與口腔醫學院（OR = 9.137*）經濟或文化不利畢業學生在畢業後約一個月內找到工作，表現顯著優於人文社會科學院畢業生。

將學生性別、弱勢身分與學院等干擾變數排除後，「國內外進修」經驗對於學生畢業後約一個月內找到工作會有顯著影響效果（OR= 6.051*）。

（三）經濟或文化不利畢業學生「進修或考試經驗」對其畢業後平均每月收入之影響

根據表 7 分析結果，在個人背景變項「性別」的預測上，男性經濟或文化不利畢業學生在畢業後平均每月收入三至五萬元（OR = 0.234*）以及五萬元以上（OR= 0.113**），表現皆顯著優於女性畢業生；在「弱勢身分」的預測上，中低收入戶子女在畢業後平均每月收入五萬元以上表現顯著優於身障學生（OR = 0.036*）；在「學院」的預測上，醫學院（OR = 42.552**）、藥學院（OR = 12.507*）、口腔醫學院（OR = 41.670**）經濟或文化不利畢業學生在畢業後平均每月收入五萬元以上，表現顯著優於人文社會科學院畢業生。

將學生性別、弱勢身分與學院等干擾變數排除後，「國內外進修」經驗對於學生畢業後平均每月收入五萬元以上會有顯著影響效果（OR = 7.059*）。

表 6　經濟或文化不利畢業學生「進修或考試經驗」對其畢業後找到工作時間的影響多項式邏輯迴歸分析結果

	畢業後找到工作時間			
	約一至三個月		約一個月內	
	OR 值	p 值	OR 值	p 值
性別				
男性	參考組			
女性	0.465	0.135	0.361*	0.042
弱勢身分				
中低收入戶子女	參考組			
身障人士子女	0.657	0.519	0.911	0.883
身障學生	0.827	0.864	0.700	0.771
原住民學生	0.755	0.734	1.639	0.518
特殊境遇家庭子女	1.231	0.895	0.934	0.968
教育部弱勢助學金學生	1.516	0.530	1.600	0.492
學院				
人文社會科學院	參考組			
生命科學院	0.007	0.891	3.607	0.257
健康科學院	0.804	0.732	0.804	0.764
醫學院	1.673	0.521	9.026**	0.007
藥學院	1.641	0.558	2.461	0.335
護理學院	0.765	0.804	7.062*	0.039
口腔醫學院	0.471	0.586	9.137*	0.038
進修或考試經驗				
無相關經驗	參考組			
國內外進修	2.063	0.257	6.051*	0.042
準備考試	0.558	0.401	1.268	0.701
其他	1.167	0.514	1.201	0.796

註：**$p < 0.01$，*$p < 0.05$

表 7 經濟或文化不利畢業學生「進修或考試經驗」對其畢業後平均每月收入的影響多項式邏輯迴歸分析結果

| | 畢業後平均每月收入 | | | |
| | 三至五萬元 | | 五萬元以上 | |
	OR 值	p 值	OR 值	p 值
性別				
男性	參考組			
女性	0.234*	0.048	0.113**	0.005
弱勢身分				
中低收入戶子女	參考組			
身障人士子女	0.435	0.286	2.266	0.357
身障學生	0.443	0.593	0.036*	0.012
原住民學生	0.460	0.395	1.643	0.625
特殊境遇家庭子女	0.269	0.486	1.172	0.927
教育部弱勢助學金學生	0.715	0.655	0.892	0.904
學院				
人文社會科學院	參考組			
生命科學院	4.001	0.304	15.359	0.168
健康科學院	4.954	0.298	5.983	0.193
醫學院	1.578	0.583	42.552**	0.004
藥學院	0.466	0.386	12.507*	0.050
護理學院	5.102	0.261	8.590	0.252
口腔醫學院	0.677	0.746	41.670**	0.010
進修或考試經驗				
無相關經驗	參考組			
國內外進修	2.339	0.278	7.059*	0.039
準備考試	1.385	0.671	2.659	0.308
其他	0.288	0.095	0.211	0.094

註:$**p < 0.01$,$*p < 0.05$

（四）綜合討論

方慶豐（2018）提及工作職涯的專業發展需要持續去學習，因此鼓勵學生畢業後能繼續累積國內外進修的經驗。本研究也進一步發現畢業學生若有參與國內外進修的經驗，對其畢業後縮短找到工作的時間以及提高平均每月薪資會有顯著的影響。因此，建議學校應多鼓勵學生繼續學習，並建立經濟與文化不利學生資料庫，長期持續追蹤學生就學與畢業後的表現，藉由實證導向的分析結果，思考如何提供這群經濟與文化不利學生最適切的教學輔導與支持，幫助他們在短時間內順利尋得合適的工作，並在工作職場中有好的表現。

三、探究經濟或文化不利畢業學生「職涯活動或就業實習參與經驗」對其就業表現的影響

（一）經濟或文化不利畢業學生「職涯活動或就業實習參與經驗」概況分析

根據表8，在105至108學年度經濟或文化不利畢業學生中，共有222位目前在工作中。在這群學生參與職涯活動或就業實習經驗中，「實習工讀」（58.63%）對其目前工作有最大的幫助，再者分別為「職涯活動」（33.15%）及「企業徵才活動」（8.22%）。

（二）經濟或文化不利畢業學生「職涯活動或就業實習參與經驗」對其畢業後找到工作時間的影響

根據表9分析結果，在個人背景變項「性別」的預測上，男性經濟或文化不利畢業學生在畢業後約一個月內找到工作，表現顯著優於女性畢業生（OR = 0.383*）；在「弱勢身分」的預測上未達顯著影響效果；在「學院」的預測上，醫學院（OR

表 8　經濟或文化不利畢業學生職涯活動或就業實習參與經驗概況分析結果

	105 學年度 (N = 55)		106 學年度 (N = 55)		107 學年度 (N = 56)		108 學年度 (N = 56)		105-108 學年度 (N = 222)	
	個數	百分比	個數	百分比	個數	百分比	個數	百分比	個數	百分比
職涯活動	26	28.27%	24	26.67%	30	35.30%	41	41.84%	121	33.15%
企業徵才活動	14	15.22%	6	6.66%	6	7.06%	4	4.08%	30	8.22%
實習工讀	52	56.51%	60	66.67%	49	57.64%	53	54.08%	214	58.63%

表 9 經濟或文化不利畢業學生「職涯活動或就業實習參與經驗」對其
　　 畢業後找到工作時間的影響多項式邏輯迴歸分析結果

	畢業後找到工作時間			
	約一至三個月		約一個月內	
	OR 值	p 值	OR 值	p 值
性別				
男性	參考組			
女性	0.522	0.144	0.383*	0.028
弱勢身分				
中低收入戶子女	參考組			
身障人士子女	0.872	0.810	0.913	0.869
身障學生	1.607	0.653	0.746	0.804
原住民學生	0.775	0.716	1.615	0.466
特殊境遇家庭子女	0.988	0.994	0.860	0.924
教育部弱勢助學金學生	1.144	0.811	1.613	0.386
學院				
人文社會科學院	參考組			
生命科學院	0.976	0.891	3.171	0.276
健康科學院	0.682	0.492	0.536	0.315
醫學院	1.591	0.489	3.939*	0.044
藥學院	1.053	0.942	1.174	0.830
護理學院	0.358	0.306	4.232	0.066
口腔醫學院	0.259	0.288	4.014	0.108
職涯活動或就業實習參與經驗				
職涯活動	4.493*	0.050	5.051*	0.042
企業徵才活動	0.721	0.567	1.063	0.909
實習工讀	2.763	0.280	4.683*	0.048

註：*$p < 0.05$

= 3.939*）經濟或文化不利畢業學生在畢業後約一個月內找到工作，表現顯著優於人文社會科學院畢業生。

將學生性別、弱勢身分與學院等干擾變數排除後，參與「職涯活動」經驗對於學生畢業後約一至三個月找到工作會有顯著影響效果（OR = 4.493*）；參與「職涯活動」（OR = 5.051*）與「實習工讀」（OR = 4.683*）經驗對於學生畢業後約一個月內找到工作會有顯著影響效果。

（三）經濟或文化不利畢業學生「職涯活動或就業實習參與經驗」對其畢業後平均每月收入的影響

根據表 10 分析結果，在個人背景變項「性別」的預測上，男性經濟或文化不利畢業學生在畢業後平均每月收入三至五萬元（OR = 0.304*）以及五萬元以上（OR = 0.194*），表現皆顯著優於女性畢業生；在「弱勢身分」的預測上，身障人士子女在畢業後平均每月收入五萬元以上，表現顯著優於中低收入戶子女（OR = 4.726*）、中低收入戶子女在畢業後平均每月收入五萬元以上，表現顯著優於身障學生（OR = 0.058*）；在「學院」的預測上，醫學院（OR = 16.978**）及口腔醫學院（OR = 8.441*）經濟或文化不利畢業學生在畢業後平均每月收入五萬元以上，表現皆顯著優於人文社會科學院畢業生。

將學生性別、弱勢身分與學院等干擾變數排除後，參與「職涯活動」（OR = 4.828*）經驗對於學生畢業後平均每月收入三至五萬元會有顯著影響效果；參與「職涯活動」（OR = 4.476*）與「實習工讀」（OR = 5.328*）經驗對於學生畢業後平均每月收入五萬元以上會有顯著影響效果。

表 10　經濟或文化不利畢業學生「職涯活動或就業實習參與經驗」對其畢業後平均每月收入的影響多項式邏輯迴歸分析結果

| | 畢業後平均每月收入 | | | |
| | 三至五萬元 | | 五萬元以上 | |
	OR 值	p 值	OR 值	p 值
性別				
男性	參考組			
女性	0.304*	0.041	0.194**	0.008
弱勢身分				
中低收入戶子女	參考組			
身障人士子女	1.084	0.904	4.726*	0.040
身障學生	0.381	0.441	0.058*	0.014
原住民學生	0.854	0.834	2.084	0.388
特殊境遇家庭子女	0.624	0.797	2.858	0.504
教育部弱勢助學金學生	1.509	0.490	1.144	0.857
學院				
人文社會科學院	參考組			
生命科學院	2.664	0.428	5.926	0.297
健康科學院	2.845	0.410	2.162	0.465
醫學院	1.904	0.344	16.978**	0.004
藥學院	0.615	0.610	2.362	0.386
護理學院	3.300	0.295	10.376	0.116
口腔醫學院	0.386	0.304	8.441*	0.048
職涯活動或就業實習參與經驗				
職涯活動	4.828*	0.040	4.476*	0.045
企業徵才活動	1.129	0.839	0.944	0.926
實習工讀	1.089	0.819	5.328*	0.014

註：**$p < 0.01$，*$p < 0.05$

（四）綜合討論

　　龔心怡與李靜儀（2015）指出學校辦理的職涯探索相關講座與工作坊，能讓這群經濟與文化不利的學生從中找到自己的學習興趣，對職涯發展有正向的幫助。本研究也進一步發現除了參與校內舉辦的「職涯活動」外，學校若能鼓勵經濟或文化不利學生多累積「實習工讀」的經驗，能有效縮短其畢業後找到工作的時間，同時也能提升每月薪資，對其就業有很大的幫助。因此，建議學校可辦理多元化的「職涯活動」、「企業徵才活動」等等，幫助這群經濟與文化不利的學生有更多參與「實習工讀」的機會，讓學生藉由在職場中的體驗學習活動，自然地進入到真實的社會教室中面對各種現實的挑戰，從中認識到自己的學習力、抗壓性、工作態度，進而思考及評估個人未來職涯的規劃與發展。

陸、研究限制

　　由於畢業生流向問卷的題目大多在瞭解目前工作中的畢業生表現，因此在本研究分析中較無法完整呈現這群經濟或文化不利畢業學生的在學學習經驗，對其畢業後升學、準備考試或未能找到合適工作的影響。建議未來畢業生流向的問卷調查仍應包含目前未有工作的學生現況。

　　本研究採用的畢業生流向調查主要為自陳式問卷，無法排除受試者的社會期待，是故在解釋研究結果時需要特別謹慎。此外，本研究主要以量化資料分析為主，研究結果缺少質性相關資料進行驗證與解釋，因此建議未來可進行個別訪談或焦點訪談，且透過長期性的追蹤調查進一步探究影響研究結果的相關因素，使得整體研究更臻完整，如此更能有效提供具參考價值的校務分析結果。

柒、研究結論與對校務研究的建議及應用

一、研究結論

本研究根據研究動機與目的進行資料蒐集與分析，由分析結果可以歸納出以下研究結論：

（一）經濟或文化不利畢業學生「在校學習經驗」對其未來就業的影響

1. 學生在校若有較佳的「校內課程」學習經驗會影響其畢業後在一至三個月找到工作的機會；除了「校內課程」外，若能搭配「校外實習」學習經驗，更能有效縮短其找到工作的時間至一個月內。

2. 學生在校若有較佳的「專業知識」和「校內課程」學習經驗會影響其畢業後找到三至五萬元月收入的工作；除了「專業知識」和「校內課程」外，學校若能訓練學生「建立人脈」的重要性與必要性，更能有效提升其畢業後的每月薪資至五萬元以上。

（二）經濟或文化不利畢業學生「進修或考試經驗」對其未來就業的影響

學生若能累積一些「國內外進修」經驗，能有效提升其在畢業後約一個月內找到工作的機會，且每月薪資達五萬元以上的機率也會大增。

（三）經濟或文化不利畢業學生「職涯活動或就業實習參與經驗」對其未來就業的影響

1. 學生就學期間若能多參與校內舉辦的「職涯活動」，能提升其畢業後約一至三個月找到工作的機率，且薪資月收入也大約能達到三至五萬元。

2. 除了參與校內舉辦的「職涯活動」外,學校若能鼓勵學生多累積「實習工讀」的經驗,更能有效縮短其畢業後一個月內找到工作的機會,同時每月薪資達到五萬元以上的機會也會大增。

(四)不同背景經濟或文化不利畢業學生的職場就業差異性表現

1. 男性經濟或文化不利畢業學生在畢業後約一個月內找到工作,以及五萬元以上的月收入表現顯著優於女性畢業學生。

2. 身障人士子女在畢業後找到平均月收入五萬元以上的表現顯著優於中低收入戶子女;中低收入戶子女在畢業後找到平均月收入五萬元以上的表現顯著優於身障學生。

3. 醫學院經濟或文化不利畢業學生在畢業後約一個月內找到工作以及五萬元以上的月收入,其表現顯著優於人文社會科學院畢業學生。

二、對校務研究的建議及應用

(一)多安排校外實習機會,並針對不同系所規劃專業新知課程,且協助學生建立人際網路。

1. 學生就學期間若能專注於校內課程的學習,對於其未來找到工作的時間會有顯著的影響效果。此外,除了學科領域的學習之外,有機會去校外相關機構累積實習經驗,更能有效縮短其畢業後找到合適工作的時間。因此,為能幫助經濟或文化不利學生未來就業更順利,建議學校應鼓勵學生多選修感興趣的校內課程,藉此增進未來工作技能,此外,也應鼓勵學生於課餘時間累積相關校外實習經驗,將所學實際應用於職場中,並從工作中更瞭解未來職涯的規劃,如此更能有效提高其在畢業後一個月內找到合適工作的機率。

2. 由分析結果可知,各系所規劃的專業課程對學生來說相當重

要，且對學生未來就業的薪資會有影響。因此，建議各教學單位應對不同系所未來就業所必須具備的專業新知和技能有深入的瞭解，適時調整校內課程規劃以提供學生最適切的專業知識，訓練學生畢業後能有效將在校所學與工作職場接軌。此外，人際交往互動在未來職涯中扮演重要且不可或缺的角色，緊密的人脈關係是影響畢業學生工作薪資收入的重要影響因素之一，因此建議學校應在學生就學期間幫助其建立廣泛的人際互動網絡，有效提升畢業學生的工作收入。

（二）**對曾有國內外進修經驗的畢業生進行訪談，以作為進一步效益分析。**

由分析結果指出，畢業學生若有參與國內外進修的經驗，對其畢業後找到工作的時間以及平均每月薪資會有影響效果。建議未來可針對這群畢業學生進行個別訪談，進一步瞭解學生進修經驗如何影響其工作表現。此外，甚至可邀請畢業學長姊返校與學弟妹分享職場經驗，給這群經文不利學生的職涯規劃與未來升學更多實質建議，亦幫助學校在未來相關政策推展上更加順利。

（三）**多舉辦職涯增能活動，並透過適當問卷回饋單瞭解活動效益。**

由分析結果發現，學生在就學期間若有參加職涯活動的經驗，對於其畢業後找到工作的時間與收入皆會產生影響效果。建議學校未來在辦理相關活動時，可藉由問卷回饋單的填寫與分析，更進一步瞭解何種職涯活動的規劃與辦理對於學生有較大的助益。除了參與職涯活動外，倘若學生能多累積實習工讀的經驗，更能有效將所學應用在職場上，不僅能縮短找到工作的時間，同時也能提升薪資收入。因此，建議學校未來應辦理符合學生所需的職涯活動，培養這群經文不利學生未來就業的職場軟實

力，並且多鼓勵學生於課餘時間參與一些企業實習或校內外工讀的機會，累積不同的工作經歷，如此對於未來的職涯發展會有更大的幫助。

（四）留意不同學院背景及身心條件學生的就業表現差異，給予更適切學習資源與輔導措施。

本研究同時也針對不同性別、不同弱勢身分，以及不同學院經濟或文化不利畢業學生就業表現的差異性進行分析。

在性別的差異上，發現男性經濟或文化不利畢業學生在畢業後找到工作的時間和收入表現皆優於女性畢業生。建議學校能多重視性別不平等所造成的差異表現，給予女學生必要的學習資源與生活輔導機制，幫助其在找尋適當工作的過程中能更加順遂。

在弱勢身分的差異上，可發現身障學生由於身體因素的限制，在畢業後可能會面臨較多尋找適合工作和薪資收入的問題。因此，建議學校能多協助這群學生在就學期間的學習支持和職涯能力的培養，挹注較多的經費及資源幫助他們及早適應未來工作職場的挑戰，幫助學生找到合適的工作，能透過自己的能力賺取足夠的收入養活自己和家人。

在學院的差異上，人文社會科學院經濟或文化不利畢業學生較醫學院畢業生需要較長的時間尋找合適的工作，且工作薪資也較低。建議學校能針對人文社會科學院學生在就學期間安排多元化的職涯探索工作坊活動，鼓勵學生從中去認識自己，提早找尋適合自己的工作類型，從中更瞭解自己的人生方向，同時也鼓勵學生在課餘之際，多多參與實習與利用工讀的機會累積相關工作經驗，期能有效縮短學生未來找尋合適工作的時間，對其未來工作薪資也會有正向的影響效果。

參考文獻

方慶豐（2018）。就讀技術型高中實用技能學程為經濟弱勢家庭和學習弱勢學生開創一條康莊大道。**臺灣教育評論月刊，7**（12），15-24。

沈暉智、林明仁（2018）。論家戶多得與資產對子女教育之影響：以1993-1995出生世代及其父母稅務資料為例。**經濟論文叢刊，47**（3），393-453。

武東星、林松柏、吳書昀、楊洲松（2018）。「以生為本」的高等教育：致力翻轉文化與經濟不利學生的處境。**評鑑雙月刊，92**，49-52。

許添明、商雅雯、陳冠銘（2018）。兼顧公平與卓越的資源分配：投資弱勢者教育。載於黃昆輝主編，**繁榮與進步：教育的力量**（頁271-304）。財團法人黃昆輝教授教育基金會。

許添明、董馨梅、商雅雯（2022）。我國大學校院經濟弱勢學生協助就學措施之研究。**教育科學研究期刊，67**（1），123-158。https://doi.org/10.6209/JORIES.202203_67(1).0005

黃儒傑（2018）。經濟弱勢學生目標設定、認知負荷與學習意志力之研究：以台北市與新北市國小為例。**教育心理學報，49**（3），391-411。https://doi.org/10.6251/BEP.201803_49(3).0003

劉若蘭、蔡昕璋、李育齊（2016）。一所公立大學經濟弱勢學生學習與校園經驗及輔導資源研究。**學生事務與輔導，55**（3），9-29。https://doi.org/10.6506/SAGC.2016.5503.03

鄭英耀、方德隆、莊勝義、陳利銘、劉敏如（2015）。大學經濟弱勢學生入學及就學扶助政策分析與建議。**教育科學研究期刊，60**（4），1-19。https://doi.org/10.6209/JORIES.2015.60(4).01

龔心怡、李靜儀（2015）。影響國中經濟弱勢學生之學業表現與中輟傾向之因素：「脈絡—自我—行動—結果」之動機發展自我系統模式為取向。**教育科學研究期刊，60**（4），55-92。https://doi.org/10.6209/JORIES.2015.60(4).03

Banerjee, P. A. (2016). A systematic review of factors linked to poor academic performance of disadvantaged students in science and maths in schools. *Cogent Education, 3*(1), 1-17. https://doi.org/10.1080/2331186X.2016.1178441

Curran, F. C., & Kellogg, A. T. (2016). Understanding science achievement gaps by race/ethnicity and gender in kindergarten and first grade. *Educational Researcher, 45*(5), 273-282. https://doi.org/10.3102/0013189X16656611

Levy, D. J., Heissel, J. A., Richeson, J. A., & Adam, E. K. (2016). Psychological and biological responses to race-based social stress as pathways to disparities in educational outcomes. *American Psychologist, 71*(6), 455-473. https://doi.org/10.1037/a0040322

Mangan, J., Hughes, A., Davies, P., & Slack, K. (2010). Fair access, achievement and geography: Explaining the association between social class and students' choice of university. *Studies in Higher Education, 35*(3), 335-350. https://doi.org/10.1080/03075070903131610

Michelmore, K., & Dynarski, S. (2016). *The Gap within the Gap: Using Longitudinal Data to Understand Income Differences in Achievement* (Working Paper 22474). Cambridge.

從課程面探討學生對於永續發展認知之改變

國立臺北商業大學企業管理學系助理教授
吳國鳳
國立臺北護理健康大學護理系特聘教授暨校長
吳淑芳
國立臺北護理健康大學護理系特聘教授
護理學院副院長、護理系主任
林惠如

壹、前言

　　隨著知識經濟的興起，人們期望大學為解決經濟和社會問題做更多的事情。大學一直是教育的基礎，在某種程度上，大學更是社會永續發展的前端。在此背景下，大學有義務實施一系列管理、教學和研究領域的道德原則和價值觀（Meseguer-Sánchez et al., 2020），成為能串起各種連結的知識中心（anchor institutions），以對國家、城市與鄉村的經濟及社會發展帶來重要的影響（Harris & Holley, 2016）。基於前述，國際大學校長協會（International Association of University Presidents, IAUP）號召全球大學將 17 項永續發展目標：消除貧窮（No Poverty）、消除飢餓（Zero Hunger）、健康與福祉（Good Health and Well-Being）、優質教育（Quality Education）、性別平等（Gender Equality）、淨水與衛生（Clean Water and Sanitation）、永續能

源（Affordable and Clean Energy）、就業與經濟成長（Decent Work and Economic Growth）、永續工業及產業創新與韌性基礎建設（Industry, Innovation and Infrastructure）、減少不平等（Reduced Inequalities）、永續城邦（Sustainable Cities and Communities）、永續消費與生產（Responsible Consumption and Production）、氣候行動（Climate Action）、海洋生態（Life Below Water）、陸地生態（Life on Land）、和平與正義制度（Peace, Justice and Strong Institutions）、全球夥伴（Partnerships for the Goals）與公民意識的理念，融入教學、研究、院校中長程發展策略之中。

　　大學社會責任乃是幫助研究者走向實踐推動者，大學可透過教學、研究、推廣與內部管理四個關鍵流程來達到實踐社會責任的目標，Santos 等（2020）於葡萄牙的研究發現，大學在教學、研究、社會層面的付出，會透過大學社會責任的全球認知，對大學的服務品質以及學生滿意度產生正向影響，這證實了大學生意識到他們的大學所教導的科學知識，是為了解決社會問題及環境問題。未來大學可持續透過優質教育善盡社會責任，使人們能夠做出明智的決策，確保經濟、社會和環境在未來永續發展（Sinakou et al., 2019）。

　　在臺灣，教育部推行「大學社會責任」（University Social Responsibility, USR）計畫，便是大學社會參與的重要角色與推手，希望以師生團隊引領及聚焦在地連結、人才培育、國際連結等面向及各項議題；大學透過課程與教學創新、多元學習、教師激勵制度設計、資源及組織統整等校務治理關鍵作法，將「善盡社會責任」充分融入校務治理架構，增進學校與區域連結。此外，亦鼓勵發揮專業知識及創意，改善學用落差；促進在地認同與發

展，進而邁入接軌國際之願景（教育部，2021）。

　　Ismail 等（2019）研究顯示，大學生最關心大學能否培養自身職業發展能力，以及提升跨接學術與實務之間的能力。由此可見，大學教育功能並非只是訓練學生就業能力，亦應重視協助學生透過從事公共服務的活動，培養社會公民責任感與行動熱忱（吳清山，2018）。近年，也有越來越多的大學跳脫過往單向知識輸出或公益服務的迷思，把社會責任的實踐當作策略槓桿（Shek & Hollister, 2017），在校務拓展（outreach）和社會參與（engagement）的過程中，釐清目標、聚焦核心競爭力，找到大學可以作出貢獻與發揮影響力的位置。USR 活動的重點是社區服務、優質教育、平等機會和職業發展，這些面向對學生未來發展都很重要；而學生對學校的滿意度，有很大程度取決於大學通過教學以及未來職場的聯結，支持他們發展自身專業（Ismail et al, 2019）。

　　Meseguer-Sánchez 等（2020）在大學社會責任的綜合分析（meta-analysis）發現，從 1970 至 2019 年有 92.4% 的 USR 研究包含下列五個最常出現的關鍵詞：可持續性（stainability）、優先期刊（priority journal）、可持續發展（sustainable development）、對照研究（controlled study）和企業策略（strategy）。應用在全球 USR 領域的新概念或研究論點包括：企業公民和高等教育行為、綠色大學、綠色校園、可持續大學、綠色走廊、循環社區、減少自用車使用、網絡治理、包容性大學、健康責任、工作與生活的平衡、物理空間、健康生活方式、健康校園、生態包容或全人教育管理（Meseguer-Sánchez et al., 2020）。

　　從上述學者觀點可知，永續發展已經成為大學發展趨勢，透

過課程設計融入永續發展的概念，可使學生理解及認同永續發展的概念與深耕在地的責任，故本研究擬透過個案大學之課程設計融入大學社會責任的精神，探討學生經過課程規劃走入社區後，對於 USR 的認知是否經過一學期的課程薰陶而有所改變？

貳、文獻探討

一、課程與大學社會責任認知之間的關係

永續發展是全球發展趨勢亦是世界共同關注的議題，但跨領域合作鮮少在永續發展教育中被重視（Merck & Beermann, 2015）。隨著科技發展與社會進步，所延伸出來的問題複雜度也提高，解決方案不再是單一模式，應該採取跨領域合作的方式來達到永續發展之目的，在健康管理、智慧建築、都市規劃、能源管理、廢棄物管理等方面都已獲得跨領域合作之成效（Hagoel & Kalekin-Fishman, 2016; Klein, 2004）。吳清山（2018）認為，大學不僅僅是提供學生文憑和訓練就業能力，而是應該幫助學生尋找目標和方向，培養學生從事公共服務的熱忱。大學可以透過課程設計將社會參與的觀點跟行動體現在其中，也可以透過社團引導學生培養社會責任，或是透過主修專業協助社區提升自我社會責任感，以研討會或討論會的形式，讓學生與社區民眾共同探討永續發展的議題，替社區發聲（謝金枝，2015）。而透過多樣化的規劃方式，可以使學生學習用更寬廣、多元的視野檢視自己與周遭之間的關係，透過大學社會責任計畫的引導，幫助學生將所學從課本延伸到社會環境中，透過實踐大學社會責任來發揮知識再現與文化重建的加值效果方式（Tun-Ju Liao, 2018）。

Chang 與 Lin（2019）認為，透過問題解決導向與行動研究

的課程設計，可培養學生解決永續發展的技術與能力。汪淑珍（2020）透過教學空間、時間與目標的反轉，將文學系的課程融入大學社會責任，教師以大學課程與社區共同開課，社區提供資源使學生進行課程實作與驗證，學生將學校資源導入社區，以互助互利的方式完成作品、回饋社區。

在落實大學社會責任的課程設計上，應帶領學生走入社區達到課程行動的目的，課程行動的規劃應考量到現實社會狀況與課程實踐之間的關係，透過「延展性的專業」（extended professional）來達到實作與社區連結之目的（Elliott, 1991; McKernan, 1996; Stenhouse, 1975）。本研究透過從出生到死亡的課程規劃搭配永續發展的教學策略與社區實踐的概念，將校內專業課程結合具備永續發展的大學社會責任之認知，深耕在大學生學習認知中。課程設計除了重視與社區的連結外，更需要強調學生對校內外的反思層面（Zeichner & Gore, 1995）。故本研究在大學社會責任的探討上，針對學生在上課前與上課後認知的改變，來了解學生對學校的外部印象（外部投影）、內部管理、研究、教育環境價值觀、社會教育價值觀，以及大學與企業之間是否透過課程設計與實踐，而有所改變。

二、學生對大學社會責任認知

USR 是指大學透過教育、認知、勞動、社會和組織、生態、環境、技術、經濟發展等方式，在道德發展上有目標的協助社區發展（Vallaeys, 2013; Vasquez & Lanero 2014; Chen et al., 2015）。Latif（2017）進行了詳盡的審查，聲稱大學有七項關鍵責任：合法的道德、慈善、運營、內部利益相關者、研究／開發和社區參與。Meseguer-Sánchez 等（2020）認為，大學社會責任應該包括健康（healthy）、福祉（wellbeing）、環

境（environmental）、經濟（economic）、人（human）、社會的（social）、公平的（equity）等面向。在社區區域發展的背景下，技能、創新、文化和社區也應該是一體化的。雙方不同使命的整合將有助於建立一個有效的「大學—地區增值管理流程」（Goddard & Chatterton, 1999）。現在大學越來越成為商業和競爭性機構，面臨更廣泛的機會教育（Geryk ,2011; Florida & Paladan, 2014）。

USR 的新理想模式是將學生視為關鍵角色，讓學生根據 USR 的動機在其所受的專業教育基礎上，向社區提供服務的能力以表達自己的信念、性格和結論（Lozano et al., 2017）。在推動 USR 時，如果遇到一些缺乏社會責任意識和理解的問題，從教育的角度來看，可以通過實施主動學習來解決，也就是提升學生學習成效動機；而從問責的角度來看，有必要開發一種通用的工具來衡量和報告大學的社會和環境問題（Jorge & Peña, 2017）。

Vázquez 等（2015）研究認為，大部分針對大學社會責任的研究中，對於 USR 的概念，集中於環境和社會領域的改善，對這個專有名詞的理解稍顯偏頗，而該研究透過因素分析將大學生對大學社會責任分為六個因素，即：外部印象（外部投影）、內部管理、研究、教育環境價值觀、社會教育價值觀，以及大學與企業的關係。Vallaeys 等（2009）也指出，到目前為止，大多數關於 USR 的研究起源於拉丁美洲大學的研究，根據這些結果獲得的結論，並無法推論至全球學生對 USR 的看法。刑志彬、黃勇智（2023）建議，大學在推動 USR 時可透過大學、社區、責任三方作連結，使得三方可以達到永續發展，這是未來大學端可以持續推動之目標。此外，Santos 等（2020）則認為，大學可以

透過教育、研究、社會教育來提高學生對 USR 的認知，並透過提高學生對 USR 的認知來改變大學的服務品質，最後提高學生對學校的滿意度。Vázquez 等（2015）亦發現大學生對 USR 的整體感知，會因內部管理而對大學服務品質與滿意度達到顯著影響，故大學在提高學生對學校滿意度的前置作業，可透過提升學生對大學社會責任的認知，來達到後續提升學生對學校滿意度之目標。臺灣從 2017 年開始透過教育部推動 USR 計畫，期許大學透過課程與教學創新、多元學習、教師激勵制度設計、資源及組織統整等方式結合大學社會責任，與鄰近學校與區域的連結（教育部，2021）。相較於國外大學以大學自主推動 USR，臺灣則是透過政府的力量，鼓勵全國大專校院善盡社會責任，由於各國的文化面不同，其出發點亦不相同，是否國外的學生與臺灣學生對於 USR 的認知也會有不同？本研究採用 Vázquez 等（2015）提出的六個構面進行大學生對 USR 認知的衡量題項，進一步探討在臺灣的學生對大學社會責任認知之程度。

Roy 與 Marsafawy（2021）針對大學、產業和社區之間互動的研究指出，有 75.86% 的受訪者認為，學生的職業和專業發展培訓和研討會是產業、大學和社區之間互動和交流的主要領域；而有 69% 的受訪者提到，互動是通過實習、演講者和實地考察來完成的，這些都是高等教育機構的常規做法。在大學推動社會責任應透過有別於傳統教室內教學的形式，除採用課堂學習外，也可加入跨領域專案推動、走入社區在地調查等實地體驗，與服務對象之間溝通互動，使學生獲得社會認同、解決社區問題，在教師、學生與社區服務對象之間產生強力連結，攜手共創區域繁榮（藍冠麟，2020；汪淑珍，2020；黃瓊儀，2018）。

Fisher 與 Bonn（2011）發現，超過 50% 的澳大利亞大學

沒有明確將社會責任主題納入其商業和管理課程中。Young 與
Nagpal（2013）也得出了類似的結論。這些研究者指出，大學需
要開展更多工作，來促進負責任和可持續的教育。而根據前述研
究結果，我們認為在大學課程中引入社會責任主題是必須的，而
且需要克服許多障礙。

Jorge 與 Peña（2017）進行了 USR 後設分析研究，他們從
314 篇文章中歸納出 38 篇重點分析社會責任主題融入大學課程
的問題。更詳細地說，這 38 篇文章中有 16 篇描述社會責任主
題納入課程的程度（描述性方法），有 11 篇研究如何教授社會
責任主題，以及可以使用哪些教學方法來做到這一點（規範性方
法），而有其他 11 篇文章分析大學教育對學生社會行為的影響
（解放性方法）。由此可知，USR 融入大學課程中，不僅僅只
是透過一般課堂上課方式，應該透過更多開放式的設計，大學生
對 USR 的認知培養，應有別於一般傳統課堂的上課方式，而是
可透過在實作中學習，翻轉課堂，走出教室使學生提高對 USR
的認知，進而回饋社會、深耕在地。

因此我們提出，透過課程設計，將 SDGs 的核心理念與 USR
的概念融入課程中，並透過前後測問卷了解學生對於所處之大
學外部印象（外部投影）、內部管理、研究、教育環境價值觀、
社會教育價值觀，以及大學與企業之間的關係，在經過課程教導
後，學生對 USR 的認知是否有所改變？

三、大學外部印象、內部管理

社區參與，尤其是服務學習，有利於培養學生成為有能力、
有愛心的從業者，以本研究的個案學校為一所護理特色的大學
來看，將護理學生與社區合作夥伴安排在一起，能讓學生有機

會為社區機構提供所需的人力，也讓學生能夠直接觀察導致健康差異的因素。學生可以看到貧困、缺乏醫療保健、公共交通困難、行為因素、性別、性取向和缺乏教育機會如何導致健康差異（Thomas & Smith, 2017），進而認同在地、服務社區。

大學社區參與，引起了地方、區域和國際層面的研究人員和教育工作者的關注。社區參與活動的重點已經轉移到建立高等教育與行業之間的連結，透過與社區互惠互利，以確保對社會可持續發展的影響（Taylor, 2009）。社區參與活動並不僅限於提供社區志願服務，亦包括大學與社區共同培育大學畢業生能適應當地勞動力市場，或是投入與受雇於當地萌芽型企業家，透過牢固的地方社區關係讓大學廣為宣傳（Roy & Marsafawy, 2021），大學與社區之間建立緊密的互聯網路，可加強學生對大學與在地關係的認識。

當前，大學的競爭力越來越依賴可持續發展和社會責任措施的實施，高等教育機構對高等教育系統各個要素中可持續發展的實施項目日益增加興趣（Ramos et al., 2015）。大學通過教學、研究、推廣與內部管理四個關鍵過程的傳播和實施，來實現落實大學社會責任之目標，通過基於道德原則、良好治理、尊重環境、社會參與和價值提升的教育服務，提供知識轉移產生各自的影響，從而滿足 USR 的真正需求（Vallaeys, 2013）。

從這個意義上說，整個社區，尤其是高等教育機構，都應該參與可持續發展目標（Sustainable Development Goals, SDG）的追求中，因為這為高等教育機構提供了無與倫比的機會，不僅在教學和研究方面，更在推廣方面，大學可成為支持可持續發展目標的輿論倡導者（Leal Filho et al., 2019）。

Ana 等（2018）認為高等教育機構在推動永續發展過程中，

教師、學生、員工、管理階層和決策制定者缺乏承諾、參與、意識、興趣。因此，高等教育永續發展需要管理階層規劃課程改變、研究改變、校園營運改變，或採取更有策略性的方式來支持高等教育機構導入永續發展的概念，這些改變都需要仰賴學校更高層管理人員的支持，並且持續辦理永續發展的培訓與專業化課程，加強校內教職員工的永續專業知識。大學生對學校與外部機構合作、社區投入狀況、校內管理方式越了解，對應盡的社會責任感知越強，故本研究提出以下假設：

假設一：大學生課後 USR 認知中的「對大學的外部印象」比課前深刻

假設二：大學生課後 USR 認知中的「對大學的內部管理」比課前深刻

四、大學研究量能、企業價值

高等教育機構的外部環境已經發生了變化，並且在不斷變化，大學的需求已經超負荷（Clark, 1998）。在全球化的時代，大學和產業朝向社區和企業社會責任承諾之間的密切聯繫，是為可持續發展創造長期社會的一個重要驅動力（Roy & Marsafawy, 2021）。如 Gibb 等（2020）所示，政府希望大學做得更多，但政府提供給大學的公共資金卻更少；用人單位不僅需要大學畢業生的知識和基本技能，更渴望獲得大學的支持，以創造創新，提高競爭力；對於政府和商業部門來說，大學皆被視為創新、可持續發展和技術進步的引擎，因此也被期望成為經濟增長的驅動力；學生更希望物有所值，期待帶來良好的就業機會等（Garcia-Alvarez-Coque et al., 2021）。這些因素無疑對大學應對外部需求的能力構成了重大挑戰。

在這種情況下，大學可能會有更多的動機尋求外界捐款或自行校內創業，以增加其財務資源。同時，隨著公共預算的收緊，政府可能會期望大學「用更少的錢做更多的事」，並增加大學的問責壓力。在「大學自主發展」的過程中，未來資助機構和政府可能會越來越強調大學研究成果的價值、影響和效益，以因應外部社會對大學知識轉移和應用日益增長的需求。這可能會促使大學更關注其利益相關者與整個社會的需求。另一方面，在資金短缺的背景下，高等教育機構之間為求取更好表現，競爭越來越激烈（Liu & van der Sijde , 2021）。

Dima 等（2012）解釋了有關 USR 的討論熱潮，其研究發現大學是培養具有前景員工的搖籃，未來就業的學生會成為探討企業社會責任時的內部利益相關者。大學以教育與研究的方式承擔起 USR，這些受良好教育的大學畢業生，彰顯了大學良好聲譽與學生品質保證，成為大學辦學成功的佐證；也有越來越多企業與政府參與大學相關事務，甚至透過資金挹注與成果要求，使大學必須將經營成果呈現給利益相關者知悉，此種辦學模式與企業經營的模式越來越相近（Dima et al., 2012）。

創業型大學需要拉贊助來支持學校研究發展，同時拉近與企業間關係，根據 Etzkowitz（2013）的建議，大學與企業和政府進行互動，被稱為「創新的三重螺旋」。大學、企業和政府的合作基於其互補性將加強實力和合作收益的信念，亦可以促進勞動力的技能、知識的傳播和公民社會的參與，這有利於開放式創新和創新生態系統的發展（Costa & Matias, 2020）。同時，大學和其他研究機構產生的知識將有助於解決社會問題和危機，並更有效地實現可持續發展目標（Liu & van der Sijde, 2021）。

一個推動 USR 的大學，可以被視為一個有品質的組織，亦

可因此增加學生的滿意度（Moneva, 2007）。Meseguer-Sánchez
等（2020）指出，現代化的大學從以往以學術和研究為重心，轉
為以關注利益相關者為重心，其不同學校所處之地理背景，亦會
影響學校在推動 USR 的競爭環境以及 USR 的潛在市場。Santos
等（2020）研究結果也證實 USR 的認知或研究會影響學生對高
等教育的認知，認同科學知識的產出是為了解決社會環境問題。

　　在 1970 至 2019 年的 USR 研究領域中，就研究數量而言依
次是美國、英國、中國、西班牙和加拿大（Meseguer-Sánchez
et al., 2020）。曼徹斯特大學即為其中一所積極推動社會責任
的學校，該校在其「2020 年策略規劃」（Manchester 2020: The
Strategic Plan for the University of Manchester）中，將「大學社
會責任」、「國際水準學術研究」與「學生學習經驗」三項並列
為學校發展願景。另在實踐層次方面，則是運用以下策略來達成
任務目標：一、透過癌症研究等具有社會影響力的研究，進行跨
領域和跨部門合作，藉此將研究成果轉化為對社會有正面貢獻的
方案；二、透過重新設計課程提高學生對社會和環境的責任感，
同時確保弱勢家庭學生的受教機會獲得保障；三、透過開設網路
課程與成立分析中心，強化與社區互動、提供就業機會，並進行
知識移轉（駐英國代表處教育組，2017a、2017b）。而大學與外
部企業間的價值以及透過外部機構贊助，或自行創業，所帶來的
利潤與改變，對學生而言，可加強其對學校的認同度，故本研究
提出以下假設：

假設三：大學生課後 USR 認知中的「與企業間的價值」比課前
　　　　深刻

假設四：大學生課後 USR 認知中的「研究」比課前深刻

五、大學環境價值教育、社會價值教育

2015 年西班牙的具體大學政策，認為大學不應該只是教書和研究，也應該是對社會負責的機構，這可以幫助學生找到工作，鼓勵道德價值觀，對經濟和社會有貢獻發展等（Larran-Jorge et al., 2012）。換句話說，USR 的意思是提供教育服務一種合乎道德的方法，以負責任的態度傳播知識方法與良好的管理，以及培養尊重、負責任的公民意識，鼓勵學生和教職員促進社區的可持續發展，並且努力適應高等教育院校的宗旨、觀點及價值觀（Vázquez et al., 2015）。

大學面臨的最大挑戰是將效率和問責制（accountability）的目標結合起來（Tandberg, 2013）。因此，大學在報告社會和環境問題方面，經歷了顯著的增長，不同的研究已經解決了衡量大學社會、環境實踐的工具，以及指標開發的問題（Madeira et al., 2011; Brunstein et al., 2015）。

Santos 等（2020）研究發現大學將尊重個人和社會權利的原則，融入到任何科學研究項目中，並收集解決社會和環境問題所需的科學知識，讓學生們進一步尊重環境並創造可持續經濟價值的創新項目。研究指出，大學生認為他們的大學在解決社會問題方面具有強大的潛力。因此，這證實了學生認識到他們大學產生的科學知識可以解決社會和環境問題，以及開發尊重環境的創新項目。學生認為全球對 USR 的看法對高等教育機構服務質量具有極其顯著的影響，這種影響並且在學生滿意度中起主導作用。

社區參與，尤其是服務學習，可以幫助將學生培養為有能力、有愛心的從業者，並了解社區中的健康差異。貧困模擬、服務學習和公民參與等教學策略讓學生對不同的人群有一個了解。

這些策略還為學生提供了機會，讓他們有機會與文化多元或種族、文化和社會經濟地位不同而面臨健康差異風險的患者互動。在服務學習中，學生與有組織的社區服務機構合作，解決當地的需求。這些社區機構的例子有食品銀行、社區健康診所、懷孕中心和啟蒙計畫。將護理學生與社區合作夥伴安排在一起，讓學生有機會為社區機構提供所需的人力，同時也讓學生能夠直接觀察導致健康差異的因素。

Thomas 與 Smith（2017）研究中發現學生完成為各種當地機構服務的 30 個小時實習。一些學生專注於食物銀行和營養學的教學和評估；其他人在一家為長期住院患者的家庭提供服務的機構工作，以解決護理人員的壓力；還有一些在社區診所提供直接的醫療保健服務和身體評估。學生反思日誌表明，學生的態度隨著時間的推移發生了轉變，從「剛剛完成這項服務學習到畢業」的感覺，到尊重和支持他們的社區機構。學生們指出，微小的變化能夠對機構所服務的人群產生重大影響。

Castilla-Polo 等（2020）研究結果指出，大學生根據他們預先存在的知識和價值觀，直接和間接地認為他們的勞動力、社會、社區等價值觀與社會責任是相關的。學生所感受到的社會責任的優勢與環境、整個社會有關，在較小程度上與各種經濟利益有關，例如企業聲譽。大學生認為企業推動社會責任有其缺點，對企業而言，社會責任的經濟支出是最不重要的，要盡社會責任必須投入時間、經歷以及一些必要性的訓練，這些都會造成組織問題。

Ali 等（2021）提到，一個具有社會責任感的校園投射出符合機構價值觀的道德、公平和環境行為形象，其中包括教職員工和學生的工作環境、學生的生活方式、人力資源管理、既定的公

平參與渠道，以及正面和負面途徑的環境管理。這指向大學在管理內部流程和組織價值觀（例如透明度、治理、民主、個人權利和環境可持續性）方面的日常運作。

由此可知，學生的社會價值觀念和環境價值觀念的增強，可強化學生對當地社會責任的認同，故本研究提出以下研究假設：

假設五：大學生課後 USR 認知中的「社會價值教育」比課前深刻

假設六：大學生課後 USR 認知中的「環境價值教育」比課前深刻

USR 是教育永續發展的一個延伸概念，大學可藉此整合和調整其所有功能和社會需要的活動，意指以積極參與且透明與合乎道德的方式滿足所有利益相關者的要求期望（Vasquez, 2014）。Castilla-Polo 等（2020）指出，大學生對社會責任態度的現有知識仍處於發展階段。可見大學生普遍缺乏社會責任方面的知識和培訓。亦有研究指出，學生和其他群體認為需要學習社會責任。護士教育工作者有義務制定課程，教育學生成為有愛心、有道德的專業人士與全球公民（Jarrell et al., 2014），也就是需要幫助學生學會從他人的角度看世界。Hong 等（2021）研究觀察醫學生和其他科系畢業生對社會責任的態度差異發現，醫學生希望通過醫療環境積極參與幫助社會，而其他科系的畢業生認為應該培養教育和專業精神，而不是社會參與。

Ismail 等（2019）發現，不同年齡、性別和教育程度對 USR 的看法或是在員工滿意度方面並不顯著，但因服務年限有所差異。在大學工作不到兩年的員工對學校的滿意度最低且對 USR 的認知最差，而商業領域的學生和員工最滿意他們的大學，認為

他們的大學提供優質教育、強大的行業聯繫並為所有利益相關者提供平等機會。李懿純、紀俊龍（2019）指出，參與 USR 課程的大學生對於「多元觀點與素養養成」、「社會責任意識的萌發」、「口語表達能力的增進」、「語文課程學習的翻轉」等，有明顯的學習成效。因此，本研究在研究問題設計上，並未納入年齡、性別等變項，另由於受試者都是大學部學生，故未納入教育程度。

參、研究方法

一、研究對象與時間

本研究擬探討學生對於大學社會責任之認知是否會經過課程而有所改變？研究對象為個案學校大學部四年制、修讀大學社會責任相關課程的學生。透過收集個案學校 109 年度上、下學期，教學計畫結合 USR 開設的 25 門課，再對接 SDGs 中的「SDGs3—健康與福祉」、「SDGs4—優質教育」、「SDGs10—減少不平等」。問卷發放期間為 2020 年 9 月至 2021 年 6 月，共計發放 2,000 份，回收 502 份問卷，配對成功 492 份配對問卷，回收率 49.2%。在本研究 A 學院為護理相關科系學院，大部分學生專長對接考照系所，學院學生人數最多；B 學院多為管理相關科系，主要為培養學生具備照護相關管理技能；C 學院人數最少，主要涵蓋幼兒、運動、心理相關科系，透過三個學院的資料收集與分析，進一步呈現研究結果。

二、研究設計

在研究設計上分為前測與後測，前測時間在學期第一週，後測時間在學期最後一週。在前測部分，本研究設計 USR 問卷簡

報說明檔，於開課第一週透過開課教師講解說明檔，自由填寫線上問卷。在後測部分，於第 18 週學期課程結束後，提供學生自由填寫後測問卷。無論前測或後測，學生在問卷填寫過程中可隨時中斷填寫，若不願意填寫亦不會影響到其任何學期表現與成績。研究者透過系統配對前後測均有填答之問卷，視為有效問卷。若學生只填答前測或後測問卷，則視為無效問卷。收集問卷後，採取用去識別化處理與保存，並且將問卷資料儲存在加密電腦中，僅計畫主持人與協同計畫主持人知道電腦密碼，以確保研究參與者隱私和個人資訊安全。

三、研究工具

本研究採用 Vázquez 等（2015）提出的大學社會責任量表，在大學生對大學社會責任的認知構面包括對學校的外部印象、研究、環境價值教育、內部管理、大學與企業間價值、社會價值教育，在學習動機部分，則無分量表。本研究將問卷先請專家進行英翻中後，進行預試分析，並根據學生預試建議修正量表用詞，再請三位專家將量表翻譯成英文，達到雙向翻譯確認文字用詞一致之目的。作答方式則以李克特式（Likert scale）五點量表形式作答，分別為「非常符合」、「符合」、「沒意見」、「不符合」、「非常不符合」，單次完成施測大約需十分鐘。

肆、研究結果

一、信度分析

在信度方面，本研究係以 Cronbach's α 值檢驗統計數據是否具備可信賴度，依 Hancock 與 Mueller（2006）所提建議，Cronbach's α 值應大於 .70 才代表研究之統計數據具有信度，本

研究量表六大構面問卷信度介於 .917 至 .954 之間，總 α 值為 .970，各構面 α 值分別為：外部印象（$\alpha = .939$）、內部管理（$\alpha = .948$）、大學與企業間的價值（$\alpha = .917$）、研究（$\alpha = .930$）、社會價值教育（$\alpha = .937$）、環境價值教育（$\alpha = .954$），顯示本量表具備高信度。

再測信度（test-retest reliability）主要評估量表的穩定性，又稱為外在信度（external reliability），主要是利用兩次不同時間、相同受測者、相同題目所測得的結果計算相關係數，此相關係數稱為穩定係數（the coefficient of stability）。當我們在 T1 和 T2 的同一人群中使用相同的度量時，很可能通過相關係數來度量獲得高度的相關性，但表現出較差的一致性（Bland & Altman, 1986）。係數越高，表示兩次結果越穩定，通常時間相隔約在兩週至數個月之間。再測信度可以根據資料的性質以不同的方法進行信度檢定。本研究前後測間隔 18 週，經相關分析後發現，各構面之間相關介於 .426 至 .322 之間，顯著性 $p < .001$，各構面相關值分別為：外部印象（$r = .322***$）、內部管理（$r = .366***$）、大學與企業間的價值（$r = .333***$）、研究（$r = .419***$）、社會價值教育（$r = .426**$）、環境價值教育（$r = .402***$），顯示本量表前後測問卷題項達統計顯著性。

二、相關分析

為瞭解研究變項之間的關係，本研究以皮爾森（Pearson）相關矩陣來檢測外部印象、內部管理、大學與企業間的價值、研究、社會價值教育、環境價值教育、六個構面間的相關程度。從表 1 可知，社會價值教育與環境價值教育的相關程度最高（$r = .925$，$p < .001$），表示學生在課程中了解社會價值教育時，同時了解環境價值教育的重要性。其次為社會價值教育與研究之間

的相關程度（$r = .901$，$p < .001$），可能因為個案學校大多數系所對接社會服務，學生在課程中對學校研究議題方向認知越清楚，越能感受到學校社會價值教育的重要性。其他構面相關均呈現顯著正相關。

表 1　相關係數表

	外部印象	內部管理	大學與企業間的價值	研究	社會價值教育	環境價值教育
外部印象	1					
內部管理	.893***	1				
大學與企業間的價值	.823***	.881***	1			
研究	.786***	.824***	.866***	1		
社會價值教育	.802***	.851***	.850***	.901***	1	
環境價值教育	.757***	.808***	.859***	.889***	.925***	1

註：$N = 492$；$*p < 0.05$，$**p < 0.01$，$***p < 0.001$

三、配對樣本 *t* 檢定

為了解大學生經由課程學習是否可提高學生對大學社會責任之認知，本研究透過第一週的大學社會責任問卷與第 18 週學期課程結束之後測問卷進行成對樣本 *t* 檢定。從表 2 可知，本研究問卷設計之六大構面，後測成績均比前測成績高，每項構面均達到顯著差異，顯示個案學校之學生經由課程認識大學社會責任的概念明顯提升。

表 2　成對樣本 *t* 檢定

題項	前測平均數	後測平均數	後測—前測平均數	標準差	*t*
外部印象	4.017	4.278	0.261	0.886	6.525***
內部管理	4.039	4.287	0.248	0.869	6.330***
大學與企業間的價值	4.195	4.391	0.196	0.802	5.409***
研究	4.100	4.286	0.186	0.835	4.951***
社會價值教育	4.030	4.271	0.241	0.852	6.271***
環境價值教育	4.106	4.322	0.215	0.874	5.467***

註：$N = 492$；$*p < .05$，$**p < .01$，$***p < .001$

研究發現，學生透過課程在大學社會責任進步分數最多的項目是外部印象，可能原因為個案學校屬於醫護相關領域之大學，學生多半認為社會服務本來就是應盡的責任與義務，例如與外部單位或非營利組織合作幫助弱勢團體、與鄰近社區合作促進社區經濟發展等，在學生觀念裡認為是理所當然的事，其實已經是善盡社會責任的行為，故假設一「大學生課後 USR 認知中的『對大學的外部印象』比課前深刻」為成立的。學校這些付出與 SDGs 對接的項目為「SDGs17—全球夥伴」。

其次為內部管理，學生在學校以求學為主要目的，對於學校是否有提供性別平等的工作機會並不清楚，同時對於校內各項會議選舉及校務管理部分涉入不深，透過課程了解大學社會責任的重要性，同時提升對學校透過內部管理善盡社會責任的認知，故假設二「大學生課後 USR 認知中的『對大學的內部管理』比課

前深刻」亦成立。在學校內部管理部分對接「SDGs5—性別平等」與「SDGs8—就業與經濟成長」項目。

第三為社會價值教育，學生除了少數同學知道校內有各項選舉與校務管理活動，並不清楚所有會議均有學生代表出席，同時個案學校為女性比例偏高之學校，在各項活動與設施設置上，幾乎不存在女性弱勢的狀況，因此，在性別友善環境上學生認為理所當然的地方，透過課程能讓學生對於校內社會價值教育的體現有更清楚的認識，故假設五「大學生課後 USR 認知中的『社會價值教育』比課前深刻」成立，此部分對接「SDGs4—優質教育」。

在環境價值教育部分，個案學校在課程設計上規劃有必修環境教育課程，以及各科系均設計問題解決導向（problem based learning）課程，以提供學生對於愛護環境、意識環境保育問題、解決環境問題的訓練。學生在環境保護的價值部分，進步分數略低於前幾項，但在顯著性檢定上仍達到統計顯著性結果，故假設六「大學生課後 USR 認知中的『環境價值教育』比課前深刻」成立。此部分對接「SDG 14—保育海洋生態」、「SDG 15—保育陸域生態」。

在大學與企業間的價值部分，學生對於學校課程大綱對接產業經濟發展，培育創新創業精神的學生，同時教學重點企業或雇主大多知道推動實習制度提升實習留任率部分進步分數為第四，可能原因為個案學校大多對接考照系所，在課程設計上充分對接產業界，搭配全面實習制度，不管是學生端、企業主端，均熟悉校內重要科目之教學規劃，使得此項目進步空間略少，但在顯著性檢定上仍達到統計顯著性結果，故假設三「大學生課後 USR 認知中的『與企業間的價值』比課前深刻」成立。個案大學與企

業間的價值連結度強，此項目對接「SDGs17—全球夥伴關係」。

最後，由於本研究個案針對大學部四技學生，對學校有將永續發展納入研究，進而解決社會問題，推動環境友善的新產品、技術與流程的部分了解較少，在課程部分偏重走入社區對接民眾，解決當地問題，因此學生對於個案大學的 USR 研究以善盡大學社會責任的進步分數較低，但仍達顯著結果，故假設四「大學生課後 USR 認知中的『研究』比課前深刻」成立。此部分對接「SDGs9—永續工業、產業創新、韌性基礎建設」。綜上所得，本研究假設一至六均成立。

表 3   研究結果一欄表

假設	研究結果
假設一：大學生課後 USR 認知中的對「大學的外部印象」比課前深刻	成立
假設二：大學生課後 USR 認知中的對「大學的內部管理」比課前深刻	成立
假設三：大學生課後 USR 認知中的「與企業間的價值」比課前深刻	成立
假設四：大學生課後 USR 認知中的「研究」比課前深刻	成立
假設五：大學生課後 USR 認知中的「社會價值教育」比課前深刻	成立
假設六：大學生課後 USR 認知中的「環境價值教育」比課前深刻	成立

四、前、後測變異數分析

經由變異數分析與 Scheffe 事後檢定，不同學院學生在 USR 的認知，經前測變異數分析發現，學生尚未修讀過 USR 課程時，A 學院學生在大學與企業間的價值、研究、社會價值教育、環境價值教育的認知都比 B 學院、C 學院高。A 學院學生相較於其他兩學院，較可以看到貧困、缺乏醫療保健、公共交通困難、行為因素、性別、性取向和缺乏教育機會如何導致健康差異，此部分與 Thomas 與 Smith（2017）之研究結果相似，學生可透過大學社會責任認知的提升，進而認同在地、服務社區。

學生經 USR 課程走入社區結合專業提供社區服務後，在後測的部分，學生對於學校外部印象之認知，A 學院高於 B、C 學院，可能原因為 A 學院學生系所的課程設計中，本就有非營利組織與社區發展、鄰里服務等概念介紹，學生未來就業亦與非營利組織、永續發展有相關，故平均數大於另兩個學院。由此可見，培育大學畢業生適應當地勞動力市場，或是投入與受雇於當地萌芽型企業家，透過牢固的地方社區關係讓大學廣為宣傳（Roy & Marsafawy, 2021），大學與社區之間的互聯網建立牢固關係，可加強學生對大學與在地關係的認識。

在內部管理認知部分，高等教育永續發展需要管理階層規劃課程改變、研究改變、校園營運改變或採取更有策略性的方式，來支持高等教育機構導入永續發展的概念，這些改變都需要仰賴學校高層管理人員的支持，A、B 學院學生對於校內各項選舉參與或是多元文化尊重，在後測均比 C 學院高，顯示 A、B 學院在大學社會責任中，校園內部管理的認知較高。

在大學與企業間的價值部分，政府和企業更積極地參與大學事務，尤其是在資金方面，導致大學遵循類似的利益相關者模式

關係管理與其他企業機構一樣（Dima et al., 2012），是需要學校與企業間緊密結合，才能引進更多量能，相較於 A 學院，B、C 學院對接企業界，尤其是 B 學院之系所，學生經 USR 課程洗禮後，對於大學與企業間的價值在 B 學院之認知大於 C 學院。

Santos 等（2020）研究結果證實 USR 的認知或研究影響會影響學生的看法，即他們的高等教育認知是透過科學知識的產生去解決社會問題和環境問題。在個案學校的研究中，學生對於學校的研究有納入永續價值或是解決科學問題、透過課程教導新技術達到永續發展之目的，經課後發現，A、B 兩學院的學生在此方面的認知高於 C 學院。

Ali 等（2021）一個具有社會責任感的校園，會投射出符合機構價值觀的道德、公平和環境行為形象，故學生之社會價值與環境價值觀會深深受到學校特性所影響。在社會價值教育與環境價值教育認知後測部分，透過 USR 課程教導後，A 學院的學生對於社會價值教育與環境價值教育的認知，均大於 B、C 學院。這與 Larran-Jorge 等（2012）所提出之大學不應該只是教書和研究，也應該是對社會負責的機構可以幫助學生找到工作，鼓勵道德價值觀，對經濟和社會有貢獻發展等概念相一致。

伍、討論與結論

一、討論

本研究目的擬透過個案大學之課程設計融入大學社會責任的精神，探討學生經過課程規劃走入社區後，對於大學社會責任的認知是否經過 18 週課程薰陶而有所改變？本研究採用 Vázquez 等（2015）所提出的西班牙大學社會責任量表來設計問卷，該

表 4 變異數分析一欄表

		樣本數	F 檢定					
			外部印象	內部管理	大學與企業間的價值	研究	社會價值教育	環境價值教育
前測	學院		2.048	4.561*	7.446***	4.376*	2.492	4.428*
	① A 學院	75						
	② B 學院	153						
	③ C 學院	264						
	Scheffe test				① > ②	① > ②	① > ②	① > ② ① > ③
後測	學院		6.822***	14.772***	11.726***	13.171***	15.169***	12.878***
	① A 學院	75						
	② B 學院	153						
	③ C 學院	264						
	Scheffe test		① > ③	① > ③ ② > ③	② > ③	① > ③ ② > ③	① > ③ ② > ③	① > ③ ② > ③

註：*p < .05，**p < .01，***p < .001

量表構面包括外部印象（外部投影）、內部管理、研究、教育環境價值觀、社會教育價值觀和大學─企業關係，在西班牙的研究中發現，大學生對內部管理認知對提升大學服務品質與滿意度有顯著影響，其餘構面均不顯著，臺灣從 2017 年開始透過教育部推動大學社會責任計畫，期許大學透過課程與教學創新、多元學習、教師激勵制度設計、資源及組織統整等方式結合大學社會責任，與鄰近學校與區域的連結（教育部，2021）。拉丁美洲是透過大學自主推動善盡社會責任，臺灣是透過政府的力量，鼓勵全國大專校院善盡社會責任，文化面及出發點均不同，是否拉丁美洲的學生與臺灣學生對於大學社會責任的認知也會有不同？為確保大學生經由課程學習，可提高學生對大學社會責任之認知，本研究透過第一週的大學社會責任前測問卷與第 18 週學期課程結束之後測問卷進行成對樣本 t 檢定。研究發現外部印象（外部投影）、內部管理、研究、教育環境價值觀、社會教育價值觀和大學與企業關係六大構面後測成績均高於前測。平均數差異依次最高至最低分別為外部印象、內部管理、社會價值教育、環境教育、大學與企業間的價值、研究。這些構面共對接 SDG 17、SDG 9、SDG 14、SDG 15、SDG 5、SDG 8 與 SDG 4。

Santos 等（2020）針對葡萄牙大學進行大學社會責任認知之研究以及 Vázquez 等（2015）針對西班牙進行大學社會責任認知之研究，均為橫斷面單一時間點研究，而永續的概念是持續性的改變，無法透過單一時間點調查即顯示出學生對於大學社會責任認知的改變。本研究與上述研究不同之處，在了解臺灣學生對於大學社會責任的認知，乃是透過教學計畫中，將課程設計納入大學社會責任認知的概念進行教學，在問卷發放上雖然採用 Vázquez 等（2015）所提出的量表，但以前、後測問卷設計之方

式，收集學生在課程前與課程後對於社會責任之認知是否改變的調查，屬於跨時點的分析，與 Vázquez 等（2015）研究設計不同。

本研究發現臺灣學生對大學內部管理狀況並不熟悉，是透過課程內容才對學校內部管理與永續發展的結合更為清楚。其次，本研究與 Vázquez 等（2015）雖使用同樣的問卷衡量大學生對於社會責任認知的程度，但因國家的文化不同，西班牙學生對大學社會責任的認知在研究與社會價值教育並沒有顯著認知，而臺灣學生在前後測分析結果發現，透過課程指導，學生對融入課程中六大構面的認知均顯著提升。透過上述研究結果可知，大學生對於社會責任的認知是可以透過教育來改變，將永續發展的概念融入課程設計中，透過改變學生認知，達到永續教育融入大學生活之目的。

本研究進一步探討不同學院的學生，經由課程薰陶後，各學院學生對大學社會責任的認知是否有所改變？研究發現，在前測 A 學院的學生對於大學與企業間的價值、研究、社會價值教育、環境價值教育都比 B、C 學院的認知要來得高。A 學院因學院特質使得學生相較於其他兩學院，較可以看到貧困、缺乏醫療保健、公共交通困難、行為因素、性別、性取向和缺乏教育機會如何導致健康差異，此部分與 Thomas 與 Smith（2017）之研究結果相似。在後測部分，A 學院學生除了學生大學與企業間的價值外，其他五大認知亦高於其他兩學院，B 學院除了外部印象外，其他五大認知均高於 C 學院。整體而言，A 學院學生的大學社會責任認知高於 B 學院，B 學院又高於 C 學院。個案大學若要提升學生 USR 的認知，除維持 A 學院的教學方式外，可持續強化 B、C 兩學院的課程設計，以增進提升大學生對大學社會責任認知之目的。

二、結論

　　大學是一個能串起各種連結的知識中心，對國家、城市與鄉村的經濟及社會發展有著相當重要的影響（Harris & Holley, 2016）。大學教育功能並非只是訓練學生就業能力，亦應重視協助學生透過從事公共服務的活動，培養社會公民責任感與行動熱忱（吳清山，2018）。從 2017 年教育部推動大學社會責任以來，大學自主與永續發展已成為臺灣學校治理之重要發展目標，越來越多的大學跳脫過往單向知識輸出或公益服務的迷思，把社會責任的實踐當作策略槓桿（Shek & Hollister, 2017），學校的改變如何讓學生深刻感受善盡社會責任的重要性，進而投入社區、深耕在地，可透過大學社會責任課程設計的方式來傳遞學生永續發展的觀念。

　　本研究透過課程設計連結大學社會責任的六項概念：外部印象、內部管理、大學與企業間的價值、研究、社會價值教育、環境價值教育，提升學生在校之學習動機。學生在尚未透過正式教育傳遞大學社會責任的觀念時，對大學社會責任的認知僅停留在學校有將永續價值納入研究中、將解決社會問題以及創造知識之研究納入校內研究計畫中，以及身為護理大學之特色學校，學校有將永續發展與對環境友善之概念以及照護新技術、尊重個人和社會權益的教學內容納入研究中。由於護理大學之教學精神為傳遞公平對待與照護每位病人的職責，故學生大多能對多元文化給予尊重，而且校內各項會議均有學生代表參與，對於培養人文及社會價值教育等概念亦非常清楚。透過大學社會責任之課程，學生除了解大學社會責任可透過研究與價值教育來實踐外，對學校的外部印象與內部管理認知也更加清楚，包括瞭解學校會與外部企業、公部門機構或非營利組織合作來幫助弱勢、與鄰近地區推

動有啟發教育性且對社區發展有貢獻的活動、與各公部門或非營利組織共同提倡永續發展活動與目標等等，此外，也知道學校有自願性服務社團等等。在校內更體會到學校對多元文化的尊重，以及各項活動與選舉都採取透明且公平的方式辦理。

最後必須說明，由於本研究對象為單一護理大學大學部四技學生，在問卷發放上，搭配課程以及符合前後測問卷收集配對成功之樣本始納入分析，配對成功 492 份問卷，在樣本數與樣本多樣性來源部分，仍有進步的空間，未來擬增加更多問卷資料與更廣泛的課程內容，並持續進行追蹤。其次，個案學校為專業屬性高的大學，其研究結果亦較難推論到其他學校上，特此說明。

參考文獻

刑志彬、黃勇智（2023）。臺灣大學社會責任研究現況與發展分析，當代教育研究季刊，31（1），5-40。

吳清山，2018。教育名詞—大學社會責任。國家教育研究院教育脈動電子期刊，15，1-2。

汪淑珍，2020。大學社會責任融入課程：以靜宜大學中文系課程為例，臺灣教育評論月刊，9（2），44-47。

教育部，2021。什麼是 **USR**。http://usr.moe.gov.tw/about-1。

黃瓊儀，2018。大學教育實踐社會責任之教學實務報告：以「策略傳播」課程執行「眷村文化節：紅磚牆裡的秘密」為例。兩岸企業社會責任與社會企業家學術期刊，3，73-101。

駐英國代表處教育組，2017。英國大學對企業社會責任的體認與具體實踐。國家教育研究院國際教育訊息電子報，**131**。http://fepaper.naer.edu.tw/paper_view.php?edm_no=131&content_no=6498

駐英國代表處教育組，2017。英國高等院校學習標竿落實大學社會責任。**教育部電子報**，**783**。https://epaper.edu.tw/windows.aspx?windows_sn=20301

謝金枝，2015。大學引導學生從事社會參與的可行途徑。臺灣教育評論月刊，4（1），30-35。

藍冠麟，2020。教學實踐落實大學社會責任：以中華科技大學為例，臺灣教育評論月刊，9（2），48-51。

Ali, M., Mustapha, I., Osman, S., & Hassan, U. (2021). University social responsibility: A review of conceptual evolution and its thematic analysis. *Journal of Cleaner Production*, 286, 124931-12950. https://doi.org/10.1016/j.jclepro.2020.124931

Ana M. A., Susana L., & Ulisses M. A. (2018). Conceptualization of sustainable higher education institutions, roles, barriers, and challenges for sustainability: An exploratory study in Portugal. *Journal of Cleaner Production*,172, 1664-1673. https://doi.org/10.1016/j.jclepro.2016.11.010

Bland, M, J., & Altman, D. (1986). Statistical methods for assessing agreement between two methods of clinical measurement. *The Lancet, 327*(8476), 307–310. https://doi.org/10.1016/S0140-6736(86)90837-8

Brunstein, J., Jaime, P., Curi, D.P., d Angelo, M.J. & Mainardes, E.W. (2015). Assessment and Evaluation of Higher Education in Business Management: An Analysis of the Brazilian Case in the Light of Social Learning Theory for Sustainability. *Assessment and Evaluation in Higher Education, 40* (6), 833-854. https://doi.org/10.1080/02602938.2015.1041096

Castilla-Polo, F., Ruiz-Rodríguez, M.D., Moreno, A., Licerán-Gutiérrez, A., Cámara de la Fuente, M., Chamorro Rufián, E., & Cano Rodríguez, M. (2020). Classroom Learning and the Perception of Social Responsibility Amongst Graduate Students of Management Accounting. *Sustainability, 12*, 7093-7115. https://doi.org/10.3390/su12177093

Chang, C. Y., & Lin, C. C. (2019). Promoting Transdisciplinary Learning in Higher Education: Trends,Myths, Approaches and Challenges, *Curriculum & Instruction Quarterly, 22*(2), 31-48. https://doi.org/10.6384/ CIQ.201904_22(2).0002

Chen, S. H., Nasongkhla, J., & Donaldson, J. A. (2015). University Social Responsibility (USR): Identifying an Ethical Foundation within Higher Education Institutions. *The Turkish Online Journal of Educational Technology, 10*(4),165-172.

Clark, B.R. (1998). The entrepreneurial university: Demand and response. *Tertiary Education and Management,4*, 5–16.

Costa, J., & Matias, J. C. (2020). Open Innovation 4.0 as an Enhancer of Sustainable Innovation Ecosystems. *Sustainability, 12*(19), 8112-8131. https://doi.org/10.3390/su12198112

Dima, A.M., Vasilache, S., & Ghinea, V. (2012). A Model of Academic Social Responsibility. *Transylvanian Review of Administrative Sciences, 38*, 23–43.

Elliott, J. (1991). *Action Research for Educational Change*. Open University Press.

Etzkowitz, H. (2013). Anatomy of the entrepreneurial university. *Social Science Information,52*, 486–511. https://doi.org/10.1177/0539018413485832

Fisher, J. & Bonn, I., (2011) Business Sustainability and Undergraduate Management Education: An Australian Study. *Higher Education,62*(5), 563-571.

Florida, J., & Paladan, N. (2014). What is the Social Responsibility of a Higher Education Institution (HEI) toward Sustainable Energy Supply: Advocacy on responsible energy utilization? *The International Journal of Sustainability Education, 9*, 15–29. https://doi.org/10.18848/2325-1212/CGP/v09i03/55306

Garcia-Alvarez-Coque, J., Mas-Verdu, F., & Roig-Tierno, N. (2019). Life below excellence: exploring the links between top-ranked universities and regional competitiveness. *Studies in Higher Education, 46*, 369 - 384. https://doi.org/10.1080/03075079.2019.1637843

Geryk, M. (2011). Social Responsibility of Higher Education Institution as Manifestation of Positive Organizational Scholarship. *Journal of Positive Management. 2*,15-24. https://doi.org/10.12775/JPM.2011.002

Gibb, A., Haskins, G., Hannon, P., & Robertson, (2012). I. *Leading the Entrepreneurial University: Meeting the Entrepreneurial Development Needs of Higher Education Institutions.* National Centre for Entrepreneurship in Education. UK. Available online: http://eureka.sbs.ox.ac.uk/4861/ (accessed on 25 May 2021).

Hagoel, L., & Kalekin-Fishman, D. (2016). Boundaries and passages between disciplines. In L. Hagoel & D. Kalekin-Fishman (Eds.). *From the Margins to New Ground* (pp.13-24). Rotterdam Sense Publishers.

Hancock, G. R., & Mueller, R. O. (Eds.). (2006). *Structural Equation Modeling: A Second Course*. Information Age.

Harris, M., & Holley, K. (2016). Universities as Anchor Institutions: Economic and Social Potential for Urban Development. In *Higher Education: Handbook of Theory and Research* (pp.393-439). Springer.

Hong J., Jung I., Park M., Kim K., Yeo S., Lee J., Suh S., Hong Y., Park J., & Chung S. (2021). Attitude of Medical Students About Their Role and Social Accountability in the COVID-19 Pandemic. *Frontiers in Psychiatry,12*, 775-785. https://doi.org/10.3389/fpsyt.2021.645340

Ismail, D. Z., Ismail, D. Z., & Shujaat, N. (2019). CSR in Universities: A Case Study on Internal Stakeholder Perception of University Social Responsibility. *Advances in Social Sciences Research Journal, 6*(1), 75–90. https://doi.org/10.14738/assrj.61.5256

Jarrell, K., Ozymy, J., Gallegher, J., Hagler, D., Corral, C., & Hagler, A., (2014). Constructing the foundations for compassionate care: how service-learning affects nursing students' attitudes toward the poor. *Nurse Education in Practice,14*, 299–303. https://doi.org/10.1016/j.nepr.2013.11.004

Jorge, M.L., & Peña, F.J. (2017). Analysing the Literature on University Social Responsibility: a Review of Selected Higher Education Journals. *Higher Education Quarterly, 71*, 302-319. https://doi.org/10.1111/hequ.12122

Klein, J. T. (2004). Prospects for transdisciplinary. *Futures, 36*, 515-526. https://doi.org/10.1016/j.futures.2003.10.007

Larran-Jorge, M., Lopez-Hernandez, A., Herrera, J., & Andrades, F.J. (2012). Do Spanish Public Universities Use Corporate Social Responsibility as a Strategic and Differentiating Factor? *Revista International Journal of Humanities and Social Science, 2*(11):29-44.

Latif, K. F. (2017). The Development and Validation of Stakeholder-Based Scale for Measuring University Social Responsibility (USR). *Social Indicators Research. 140*(2),1-37. https://doi.org/10.1007/s11205-017-1794-y

Leal Filho, W., Shiel, C., Paço, A., Mifsud, M., _Avila, L.V., Brandli, L.L., et al., (2019). Sustainable Development Goals and sustainability teaching at universities: falling behind or getting ahead of the pack? *Journal of Cleaner Production. 232*, 285-294. https://doi.org/10.1016/j.jclepro.2019.05.309

Liu S., & van der Sijde P.C. (2021). Towards the Entrepreneurial University 2.0: Reaffirming the Responsibility of Universities in the Era of Accountability. *Sustainability, 13*(6), 3073-2087. https://doi.org/10.1016/j.jclepro.2019.05.309

Lozano, R., Merrill, M. Y., Sammalisto, K., Ceulemans, K., & Lozano, F. J., (2017). Connecting competences and pedagogical approaches for sustainable development in higher education: a literature review and framework proposal. *Sustainability, 9*(10), 1889-1904. https://doi.org/10.3390/su9101889

Madeira, A. C., Carravilla, M. A., Oliveira, J. F., & Costa, C. (2011). A Methodology for Sustainability Evaluation and Reporting in Higher Education Institutions. *Higher Education Policy, 24*, 459-479. https://doi.org/10.1057/hep.2011.18

McKernan, J. (1996). *Curriculum Action Research: A Handbook of Methods and Resources for the Reflective Practitioner (2nd ed.)*. Kogan Page.

Merck, J., Beermann, M. (2015). The Relevance of Transdisciplinary Teaching and Learning for the Successful Integration of Sustainability Issues into Higher Education Development. In Leal Filho, W., Brandli, L., Kuznetsova, O., Paço, A. (eds.), *Integrative Approaches to Sustainable Development at University Level*. Springer. https://doi.org/10.1007/978-3-319-10690-8_2

Meseguer-Sánchez V, Abad-Segura E, Belmonte-Ureña L. J., & Molina-Moreno V. (2020). Examining the Research Evolution on the Socio-Economic and Environmental Dimensions on University Social Responsibility. *International Journal of Environmental Research and Public Health*, 17(13), 4729-4759. https://doi.org/10.3390/ijerph17134729

Moneva, J. M. (2007). *Es La Responsabilidad Social Corporativa Rentable Para La Empresa? En Responsabilidad Social Corporativa*. de ACCID Contabilidad y Dirección.

Roy R., & Marsafawy H. (2021). Bridging Recognition of Prior Learning (RPL) and Corporate Social Responsibility (CSR): Circular Flow of Interaction among the University, Industry, and People. *Sustainability*, 13(8):4532-4557. http://dx.doi.org/10.3390/su13084532

Santos,G., Susana Marques, C., Justino, E., & Mendes, L. (2020). Understanding social responsibility's influence on service quality and student satisfaction in higher education. *Journal of Cleaner Production, 256*, 120597 ,1-10. http://dx.doi.org/10.1016/j.jclepro.2020.120597

Shek, D. T. L., & Hollister, R. M. (2017). *University Social Responsibility and Quality of Life*. A Global Survey of Concepts and Experiences. Springer Nature.

Sinakou, E., Pauw, J.B.-D., & van Petegem, P. (2019). Exploring the concept of sustainable development within education for sustainable development: Implications for ESD research and practice. *Environment, Development and Sustainability, 21*, 1–10.

Stenhouse, L. (1975). *An Introduction to Curriculum Research and Development*. Heinemann.

Tandberg, D. A. (2013). The Conditioning Role of State Higher Education Governance Structures. *Journal of Higher Education, 84* (4), 506-543.

Taylor, C.M. (2009). Characteristics of Engagement Communicated Experiences of Race, Universities, and Communities. In *African Americans and Community Engagement in Higher Education* (pp.1-9). The State University of New York Press.

Thomas M. H., & Smith R. S. (2017). Building community engagement: Incorporation of service learning in a nursing curriculum. *Nurse Educ Today, 52*, 63-65. https://doi.org/10.1016/j.nedt.2017.01.013

Liao, T. J. (2018). Integrating Social Practice into the Specialty Program of Art and Design in Universities: An Example of a Value-Added Concept for the Local Culture. *Journal of Research in Education Sciences, 63*(1), 207-245. http://dx.doi.org/10.6209/JORIES.2018.63(1).07

Vallaeys, F., (2013). La responsabilidad social de la universidad. http://repositorio.pucp.edu.pe/index/handle/123456789/11974.

Vallaeys, F., De la Cruz, C., & Sasia, P.M., (2009). *Responsabilidad social universitaria: manual de primeros pasos*. Mexico DF.

Vázquez, J. L., Aza, C. L., & Lanero, A. (2015). Students' experiences of university social responsibility and perceptions of satisfaction and quality of service. *Ekonomski vjesnik/Econviews*, 28(2): 25–39.

Young, S., & Nagpal, S. (2013). Meeting the Growing Demand for Sustainability-Focused Management Education: A Case Study of a PRME Academic Institution. *Higher Education Research & Development, 32*, 493-506. https://doi.org/10.1080/07294360.2012.695339

Zeichner, K. M., & Gore, J. M. (1995). Using action research as a vehicle for student teacher reflection: A social reconstructionist approach. In S. E. Noffke & R. B. Stevenson (Eds.), *Educational Action Research: Becoming Practically Critical* (pp.13-30). New York, NY: Teachers College.

僑生與本地生心理健康類型與生活壓力、自我疼惜之差異分析

國立政治大學教育學系博士生
蔡亦倫
國立臺北教育大學心理與諮商學系教授
陳柏霖
國立中山大學教育研究所暨師資培育中心助理教授
林靜慧

一、緒論

　　隨著臺灣少子化情形與教育國際化的發展，政府近年來增設僑生來臺入學管道、開放僑生來臺名額、積極前往僑生僑居地招生等政策之下，僑生來臺就讀有逐年增加的趨勢。近來，國內高等教育相關議題，逐漸重視僑生心理與學習狀態（陳柏霖，2022；陳柏霖等，2019，2022）。僑生離鄉背景來到異地求學，生活習慣、文化上與本地學生有所差異，因此在大學就學期間，心理、社會、學習、經濟、文化、工作、感情認知發展的適應上會感受到不少壓力源（方慧，1996；林清文，1992；陳柏霖、蔡亦倫，2021；駱芳美、郭國禎，2012；蔡亦倫、陳柏霖，2019；蔣美華，2003；Chen, 2021），而個體自身對於壓力源的認知態度與解釋方式，也將影響生活壓力的處遇與心理健康的發展狀況。蔡亦倫與陳柏霖（2019）研究發現，僑生使用負向壓力

因應策略（負向認知與情緒宣洩）對於生活壓力與巔峰幸福具有調節的作用，而自我疼惜在先前研究發現，能有效預測個體之正負向情緒（Phillips & Ferguson, 2013），故研究者試圖以生活壓力與自我疼惜作為僑生與本地生心理健康類型之差異分析，探究幽谷型與巔峰型等心理健康類型，對於生活壓力與自我疼惜有何差異，以利探究如何協助學生從「幽谷型」提升至「巔峰型」，並進一步對於實務場域提供建議。

本研究之所以選擇心理健康九種類型中的「幽谷型」與「巔峰型」，而非選擇大眾最普遍的心理健康類型（如大眾型、奮戰型、滿足型或奮戰型），是因為不同類型之個體所需要的心理輔導與專業協助的程度不盡相同，如錯亂型在高憂鬱情況下，需要的是精神科醫生的診療；掙扎型因為高幸福高憂鬱，欲瞭解其矛盾狀態，需要的是心理師的評斷與介入；而幽谷型的個體因為低幸福低憂鬱，在心理相關疾病上並無急迫且嚴重需要解決的問題，唯獨在幸福感上相較低落，因此需要的是教育領域的介入與協助，以正向的認知方式、正向的壓力因應策略方式、自我歸因等方式來教導個體如何處遇生活事件，並從中有效提升幸福感。因此，本研究欲以差異分析的方式，探究幽谷型與顛峰型究竟在生活壓力與自我疼惜等面向上有何差異，並從中推估兩者之間的差異是否即為影響因素。

過去余民寧（2015）研究也曾指出，心理健康類型中，「幽谷型」是低憂鬱－低幸福的狀態，如果能降低個體的壓力源，並教導、規劃相關促進心理健康的活動與壓力因應、認知思考方式，將能達到「巔峰型」低憂鬱－高幸福狀態。故本研究擬瞭解在臺僑生與臺灣本地生之分布情形，並針對「幽谷型」與「巔峰型」加以探究其在生活壓力與自我疼惜的差異情形，從中探究如

何協助學生從「幽谷型」邁向「巔峰型」。

（一）心理健康定義

　　有別傳統心理學對於心理健康的定義是只要屏除負向心理相關疾病，即可宣稱為心理健康的個體。正向心理學發展之初雖然有將正向心理學等概念融入加以評斷，但將幸福感與憂鬱情緒視為同一個線性向度上的兩個極端，只要有其中一個便不會有另一個的概念似乎有些偏頗。不過正向心理學並非摒棄對負向心理狀態的關注與研究，而是對於過去研究過度簡化心理健康的反動，認為心理健康不應該被認為只是沒有心理相關疾病，或是將幸福感與憂鬱情緒視為同一線性向度的兩個極端而已，而是必須同時擁有生、心理健康的完整狀態（complete state）（Keyes, 2002）。

　　因不同於傳統心理學的正向心理學興起與發展，近幾年來學者並不再將幸福感與心理等相關疾病定義為同一個線性向度上的兩個極端。因而 Keyes（2002, 2003, 2005a, 2005b）提出心理健康及心理等相關疾病是分屬於兩個完全不同的測量向度，可以用來測量完整的心理健康狀態模式（complete mental health state model），並從中提出四種類型模式，其中包括：「錯亂型」、「掙扎型」、「幽谷型」以及「巔峰型」。

　　因此真正心理健康的研究應當包含正向與負向兩狀態，當個體達到「同時擁有心理健康和沒有心理疾病症狀」的完整狀態，方可宣稱為真正的心理健康，此內涵即是混合高度的情緒幸福感、心理幸福感、社會幸福感（即高度的主觀幸福感），以及沒有心理疾病之症狀（即低度或不具有憂鬱傾向）的一種併發症（余民寧等，2018），且認為「缺乏心理的健康則不可稱為健康」

（no health without mental health）（Keyes, 2002, 2005a; Keyes & Lopez, 2002）。也因此正向心理學對於心理健康的定義，在近年的發展之下逐漸結合過去與新興研究，將正、負向心理狀態同時納入評斷個體心理健康的指標依據。

（二）心理健康類型

依據心理健康等研究（Huppert, 2005; Huppert & Whittington, 2003; Keyes & Lopez, 2002; Keyes, 2002, 2003, 2005a, 2005b; Robitschek & Keyes, 2009; Yu et al., 2010）對於心理健康的定義方式，將完整的心理健康狀態模式（complete mental health state model）視為同時擁有心理健康（主觀幸福感）與沒有心理等相關疾病（憂鬱情緒），並分別以主觀幸福感與憂鬱症作為評斷測量向度，且這兩個測量向度皆是從低—中—高的兩極化變項，藉由兩個測量向度之低—中—高程度將完整的心理健康狀態模式交互區分為：「錯亂型」、「徬徨型」、「掙扎型」、「愁善型」、「大眾型」、「奮戰型」、「幽谷型」、「滿足型」以及「巔峰型」等九種類型，以下將茲分述之：

1. 錯亂型（floundering type）—低幸福高憂鬱：屬於完全心理疾病狀態，此類型的個體不僅會出現憂鬱的症狀，還會認為自身在情緒、心理、社會等幸福感上相對低落且表現不良。因此，此類型稱之為「錯亂型」的人（Huppert, 2005, 2009; Keyes, 2002, 2003, 2005a, 2005b）。

2. 徬徨型（hovering type）—中幸福高憂鬱：此類型的個體能夠了解並找尋自己存在的意義以及目標，也期望生活美滿幸福，但有時現實總與理想目標有所差距，長期下來可能致使生、心理出現症狀反應，此類型稱之為「徬徨型」的人（Yu et al., 2010）。

3. 掙扎型（struggling type）－高幸福高憂鬱：屬於不完全心理疾病狀態，此類型的個體會感到憂鬱感，但在情緒、心理與社會機能上卻還能表現出中高水平，且對於自身的生活狀態尚感滿意與快樂，此類型稱之為「掙扎型」的人（Keyes, 2002, 2003, 2005a, 2005b）。

4. 愁善型（sentimental type）－低幸福中憂鬱：此類型的個體會對於自身生活感到空虛且停滯，認為自己不太幸福，可能還伴隨著生理不舒服與心理上的負向情緒與頹廢等症狀，此類型稱之為「愁善型」的人（Yu et al., 2010）。

5. 大眾型（popular type）－中幸福中憂鬱：此類型的個體可能有時候會出現憂鬱的情緒，但在自身生活上有時又能感到滿足，且生、心理與社會運作機能皆維持一定的中等水平，且此類型的人數量上相對眾多且平均，因此稱之為「大眾型」的人（Huppert, 2005, 2009）。

6. 奮戰型（striving type）－高幸福中憂鬱：此類型的個體能在生活當中體驗到大量的愉快情緒，並且滿意自己的生活與現況，但在自身生活中可能遇到壓力時伴隨無力感、負向思考、無法專心、心情低落、睡眠情形不佳等症狀，此類型稱之為「奮戰型」的人（Yu et al., 2010）。

7. 幽谷型（languishing type）－低幸福低憂鬱：屬於不完全心理健康狀態，此類型的個體雖然沒有患有心理精神疾病，但依然具有低度情緒、心理與社會幸福感的狀態。對於生活感到空虛、停滯、不抱希望等，此類型稱之為「幽谷型」的人（Keyes, 2002, 2003, 2005a, 2005b; Keyes & Lopez, 2002; Penninx et al., 1998）。

8. 滿足型（contented type）－中幸福低憂鬱：此類型的個體

能夠了解並找尋自己存在的意義以及目標，也期望生活美滿幸福，並且沒有心理精神疾患等症狀，但有時候仍可能出現壓力負荷與煩惱、擔憂、身體疲憊等症狀，此類型稱之為「滿足型」的人（Yu et al., 2010）。

9. 巔峰型（flourishing type）－高幸福低憂鬱：巔峰型與Seligman 所提出之巔峰幸福概念並不一樣，此類型所指的是個體具有高度的主觀幸福感，並且當前沒有任何心理精神疾患等症狀的一種極致狀態，此類型稱之為「巔峰型」的人（Huppert, 2005, 2009; Keyes, 2002 , 2003, 2005a, 2005b）。

依照上述的分類，在不同類型的心理健康狀態之下，個體所需要的心理輔導與專業協助程度也不盡相同，如，「錯亂型」的個體因為低幸福高憂鬱，雖然低幸福，但在相對高憂鬱情況之下，心理相關疾病較急迫，需要的是專業精神科醫生的診療與協助；「掙扎型」的個體因為高幸福高憂鬱，除了要解決心理相關疾病，也需要瞭解什麼情況之下會產生高幸福高憂鬱並存的矛盾狀態，並試圖解決之，因此需由諮商心理師與社工師的評斷與介入；而「幽谷型」的個體因為低幸福低憂鬱，在心理相關疾病上並無急迫且嚴重需要解決的問題，唯獨在幸福感上相較低落，因此需要的是教育領域的介入與協助，以正向的認知方式、正向的壓力因應策略方式、自我歸因方式來教導個體如何處遇生活事件，並從中有效提升幸福感。

（三）心理健康相關研究

過往，針對大學生心理健康狀態，陳柏霖等（2016）發現巔峰型學生有 28.9%、滿足型學生有 42.5%、幽谷型學生有

25.5%，且滿足型學生比起其他類型有更多的弱勢與高關懷學生需要協助，而在此研究當中亦發現，心理資本之於主觀幸福感，在學校生活適應與憂鬱評估裡扮演著中介的角色。

本研究也將以此作為參考，探究臺灣本地生與在臺僑生心理健康的分布狀態，是否皆如過往研究所呈現之類型一致，抑或是臺灣本地生與在臺僑生在心理健康狀態上有差異，並針對「幽谷型」與「巔峰型」兩類型探究在生活壓力與自我疼惜之差異情形，又該如何協助學生從「幽谷型」邁向「巔峰型」，以利思考有何因素阻礙學生提升幸福感，並對實務教學場域提供建議。

（四）心理健康影響因子

1. 生活壓力

依據蔡亦倫與陳柏霖（2019）研究指出，生活壓力可分為六個層面。一是學業壓力：大學生在求學中所面臨的各種壓力源，可能包括：課業繁重（閱讀原文資料、考試、功課報告等）、努力卻成績不理想、競爭激烈、時間不夠用、學習緩慢、老師要求過多、不適應老師教法等因素，都可能導致大學生產生壓力，使學習成效以及身心健康低落。二是家庭壓力：大學生在家庭當中與家人互動過程、家庭氣氛、管教方式中所產生的壓力，如父母對自身未來規劃干涉、父母不信任自身決定與想法、管束方式、期望過高等因素，都可能導致大學生產生壓力，使親子互動僵硬、衝突等。三是未來規劃壓力：大學生在求學中對於自身專業與未來規劃之躊躇所產生的壓力，如不清楚所就讀科系是否符合自身興趣、未來就業是否能有所銜接、不清楚自身畢業後要繼續升學還是就業、擔心畢業後無工作等因素，都可能導致大學生產生壓力。四是經濟壓力：大學生在求學中對於自身生活費、學費

不足，需就學貸款、工讀所產生的壓力，還可能因工讀影響學業與選課、排課，進而影響其情緒與學習情形。五是情緒爭吵壓力：大學生在重要他人（家人與伴侶）間，感受到爭吵、衝突、離異所導致氣氛低落進而產生的壓力，使家庭或伴侶間氣氛低落，影響其情緒。六是人際壓力：大學生在人際交友上較困乏所產生的壓力，如沒有朋友、與朋友爭吵或疏離、課堂分組找不到人等因素，使其在人際上較缺乏社會支持。

對本研究而言，巔峰型僑生與本地生的生活壓力平均得分低於幽谷型，也就是說屬於高幸福低憂鬱的僑生與本地生，較能因應各面向的生活壓力。

2. 自我疼惜

自我疼惜（Self-compassion）是指以開放且面對自己的痛苦或失敗時，使用關心與友善的方式，去經驗感覺和對待自己，並用一種瞭解而非評價的態度善待自己的不足和失敗，且瞭解自己的經驗是一般人都會有的經驗，而不是苛刻的自我批評（Neff, 2003）。自我疼惜可以助長情緒恢復能力及促進與提示心理健康上是一種重要的保護因素（Neff, 2009）。Neff（2003）曾將自我疼惜分成三組元素，而各組的元素中又分為正向、負向兩類，共為六個向度。一是自我仁慈（self-kindness）與自我批評（self-judgment）：自我仁慈是當人們經驗到失敗或受苦時，能夠對自己仁慈的行為，是自我疼惜的首要支柱與元素，意即當自己遇到挫折痛苦經驗時，能夠給予自我關懷、用開放、理解、接納以及不批評的態度對待自己，尤其當生活環境處於壓力之下，自我仁慈較高的人，會有能力先暫停下來讓自己舒緩，而非立即試圖控制或解決問題；而自我批評則和自我仁慈相反。二是共同人性（common humanity）與孤獨（isolation）：共同人性是指

自己所受到的苦難是人類都會有的共同經驗，承認並接受生命本質是互相連結的，有助於辨識自我悲憫與純粹的自我接納或愛自己的不同之處；而其相對向度是孤獨。三是正念（mindfulness）與過度認同（over-identification）：正念是指帶著不批判的態度，接受當下正在發生所有的事情，覺察到自己的痛苦與所有感受，平衡地不帶評價接納自己。相對於正念的是「過度認同」，其是沉浸於自身的苦難與感受。可能懷疑如果對自己仁慈，會讓自己軟弱；害怕自己會受傷或無法承受別人的痛苦；懷疑是否承擔了屬於別人的責任；懷疑會不會讓別人占自己便宜；害怕自己因此被他人依賴而被束縛等（Gilbert et al, 2011）。因此我們會被厭惡的反應所吸引，並被其沖昏頭腦（Bishop et al., 2004）。這種反思會縮小我們的注意力，誇大自我價值（Nolen-Hoeksema, 1991），過度認同意味著會將自己的瞬間體驗具體化，將短暫的事件視為確定和永久的。

對本研究而言，巔峰型僑生與本地生的自我疼惜平均得分高於幽谷型，也就是說屬於高幸福低憂鬱的僑生與本地生，較能有助於個體從消極負向的情緒中釋放出來，用慈悲、有連結、觀照覺知包容不完美的缺陷，邁向一個正向情緒上升的狀態，無論好壞與否，與苦痛的感受混合唯一，面對發生負向事件所持的態度，將決定欣賞與確認生活的觀點（Neff, 2011）。

基於上述研究動機與文獻評閱，本研究目的如下：

一、探究僑生與本地生的心理健康狀態類型。

二、探究僑生與本地生的幽谷型與巔峰型在生活壓力、自我疼惜的差異情形。

二、研究方法

（一）研究對象

本研究採用網路問卷調查法，以 104 至 107 學年度僑生為對象，為了不讓受試學生有「被針對」或「貼標籤」的感覺而影響其作答，特採僑生與本地生一起施測方式進行資料收集工作，也就是本地生係作為比較配對之用的研究對象。

本研究以臺灣北、中、南（含離島）、東各大專院校大學生的本地生與僑生進行施測，回收 1,449 份，資料整理後，以整列剔除法刪除填答不完全、有遺漏值的問卷，共得有效問卷 1,347 份，臺灣本地生 772 名、馬來西亞僑生 362、港澳生 213 名。

（二）研究工具

1. 生活壓力量表

本研究採用蔡亦倫與陳柏霖（2019）編製修訂符合僑生與本地生之「大學生生活壓力量表」，以個體對於壓力源情境的「客觀生活壓力」（生活壓力頻率／次數）以及「主觀生活壓力」（對於壓力困擾壓迫程度）相乘之，計算出個體的生活壓力分數。量表包含六個部分：「學業壓力」、「家庭壓力」、「未來規劃壓力」、「經濟壓力」、「情緒爭吵壓力」以及「人際壓力」，修訂完成的生活壓力量表為一自陳式量表。量表採用 Likert 四點量表填答計分。探討大學生近半年來是否曾遭遇到量表中生活壓力源，分別就該壓力源的「發生頻率／次數」及「困擾壓迫感程度」選項逐題填答，選項從「沒有／很少」至「總是」分別為 1 至 4 分，兩項分數相乘即為大學生生活壓力指數。原量表的得分愈高，代表其生活壓力指數愈高。學業壓力、家庭壓力、未來規劃壓力、情緒爭吵壓力、人際壓力 Cronbach's α 分

別為 .82、.85、.86、.80、.81、.81。生活壓力量表經因素分析之 Bartlett 球形檢定 KMO 值為 .87，可解釋 64.39% 的變異量。

2. 自我疼惜量表

本研究採用陳柏霖與蔡亦倫（2021）修訂的自我疼惜量表，包括：「自我仁慈」、「自我批評」、「共同苦境」、「孤立經驗」、「正念」、「過度認同」。量表採 Likert 四點量表填答計分，探討大學生近半年來面臨苦難時是否能夠以開放的態度以減緩自己的苦難，以仁慈的心來療癒自己，並能夠有效平衡的覺察自己的痛苦與感受，並視之為普同性。受試者由「非常不同意」、「不同意」、「同意」、「非常同意」等四個尺度中圈選出最適當者，愈符合自我疼惜的反應，則得分愈高，愈不符合自我疼惜的反應（亦即愈符合自我貶抑），則得分愈低。Cronbach's α 內部一致性係數為 .69，各分量表 Cronbach's α 分別為「自我仁慈」.85、「自我批評」.78、「共同苦境」.78、「孤立經驗」.81、「正念」.78、「過度認同」.80。因素分析之 KMO 值為 .91，可解釋 63.58% 的變異量。

3. 主觀幸福感量表

本研究採用陳柏霖（2012）編製的主觀幸福感量表，包括「心理幸福感」、「社會幸福感」、「情緒幸福感」等三個向度。量表採用 Likert 四點量表填答計分，依受試者填寫與自身反應情況一致之程度，由「非常不同意」、「不同意」、「同意」、「非常同意」等四個尺度中圈選出最適當者，分數愈高代表主觀幸福感傾向愈強。信度上，量表的 Cronbach α 為 .95。經驗證性因素分析後，RMSEA = .09、CFI ＝ .97、NFI ＝ .97 反應出有適配水準，且一階因素負荷量介於 .59 至 .89，二階因素負荷量介於 .78 至 .95 之間，意謂主觀幸福感的評估可以從此三個向度來判斷之。

4. 憂鬱情緒量表

本研究採用余民寧及其團隊（余民寧等，2008，2011）所編製的憂鬱情緒量表，以作為本研究測量僑生與本地生心理憂鬱程度的依據。其內容包括「認知」、「情緒」、「身體」、「人際關係」等四個向度。依受試者填寫與自身反應情況一致的程度，由「從未如此」至「總是如此」等不同程度的作答反應中，分別予以 0 至 3 分的計分，分數愈高代表憂鬱傾向愈嚴重。在信度上，本量表的內部一致性係數（Cronbach α）為 .92。經驗證性因素分析後，RMSEA = .07、CFI = .97、NFI = .96 反應出有適配水準，且一階因素負荷量介於 .33 至 .84，二階因素負荷量介於 .60 至 .93 之間，意謂憂鬱情緒的評估可以從此四個向度來判斷之。

三、研究結果

（一）僑生與本地生心理健康類型分布

本研究分別在心理健康方面（主觀幸福感），將「主觀幸福感量表」總分以第一四分位數（First Quartile, Q1）為 40 分，以及第三四分位數（Third Quartile, Q3）為 48 分，作為決斷點，如表 1 所示，即以此量表得分低於 Q1（40）者為低分組，高於 Q3（48）者為高分組，介於 Q1（40）與 Q3（48）之間的為中分組；而在心理疾病方面（憂鬱症），係依據余民寧（2008）應用試題反應理論（Item Response Theory, IRT）中的評定量尺模式（Rating Scale Model, RSM）來判斷決斷點分數的所在，以「正常帶有輕微（低度）憂鬱症狀」為 21 分、「高度憂鬱傾向」37 分，作為決斷點，如表 1 所示，即以此量表得分低於 21 分者為低分組，高於 37 分者為高分組，介於 21 至 37 分之間者為中分組，

表 1　僑生與本地生不同類型的心理健康狀態之分布表

臺灣本地生（$N=772$）		心理健康（主觀幸福感）狀態		
		低（得分 <40）	中（40 ≦得分 <48）	高（得分 ≧ 48）
心理 疾病 （憂鬱） 症狀	高 （得分 ≧ 37）	低幸福—高憂鬱型 錯亂型 66 人（8.5%）	中幸福—高憂鬱型 徬徨型 48 人（5.6%）	高幸福—高憂鬱型 掙扎型 17 人（2.2%）
	中 （21 ≦得分 <37）	低幸福—中憂鬱型 愁善型 78 人（10.1%）	中幸福—中憂鬱型 大眾型 189 人（24.5%）	高幸福—中憂鬱型 奮戰型 97 人（12.6%）
	低 （得分 <21）	低幸福—低憂鬱型 幽谷型 15 人（1.9%）	中幸福—低憂鬱型 滿足型 102 人（13.2%）	高幸福—低憂鬱型 巔峰型 165 人（21.4%）
馬來西亞僑生（$N=362$）		心理健康（主觀幸福感）狀態		
		低（得分 <40）	中（40 ≦得分 <48）	高（得分 ≧ 48）
心理 疾病 （憂鬱） 症狀	高 （得分 ≧ 37）	低幸福—高憂鬱型 錯亂型 37 人（10.2%）	中幸福—高憂鬱型 徬徨型 13 人（3.6%）	高幸福—高憂鬱型 掙扎型 3 人（0.8%）
	中 （21 ≦得分 <37）	低幸福—中憂鬱型 愁善型 45 人（12.4%）	中幸福—中憂鬱型 大眾型 99 人（27.3%）	高幸福—中憂鬱型 奮戰型 44 人（12.2%）
	低 （得分 <21）	低幸福—低憂鬱型 幽谷型 7 人（1.9%）	中幸福—低憂鬱型 滿足型 52 人（14.4%）	高幸福—低憂鬱型 巔峰型 62 人（17.1%）
港澳僑生（$N=213$）		心理健康（主觀幸福感）狀態		
		低（得分 <40）	中（40 ≦得分 <48）	高（得分 ≧ 48）
心理 疾病 （憂鬱） 症狀	高 （得分 ≧ 37）	低幸福—高憂鬱型 錯亂型 26 人（12.2%）	中幸福—高憂鬱型 徬徨型 12 人（5.6%）	高幸福—高憂鬱型 掙扎型 2 人（0.9%）
	中 （21 ≦得分 <37）	低幸福—中憂鬱型 愁善型 30 人（14.1%）	中幸福—中憂鬱型 大眾型 64 人（30.0%）	高幸福—中憂鬱型 奮戰型 34 人（16.0%）
	低 （得分 <21）	低幸福—低憂鬱型 幽谷型 2 人（0.9%）	中幸福—低憂鬱型 滿足型 20 人（9.4%）	高幸福—低憂鬱型 巔峰型 23 人（10.8%）

並將兩份量表結果各自分為三類後，再交叉區分成九種類型的心理健康狀態。

本研究即以此方式檢視本研究本地生、馬來西亞僑生、港澳僑生各群體所分屬的心理健康狀態之類型。本地生的心理健康狀態前三高分別為大眾型（24.5%）、巔峰型（21.4%）、滿足型（13.2%）；馬來西亞僑生的心理健康狀態前三高分別為大眾型（27.3%）、巔峰型（17.1%）、滿足型（14.4%）；港澳僑生之心理健康狀態前三高分別為，大眾型（30.0%）、奮戰型（16.0%）、愁善型（14.1%）。

而本研究後續也將針對幽谷型及巔峰型此兩項心理健康狀態，更進一步地探究瞭解彼此在生活壓力與自我疼惜上是否有其他差異，以利提供學生如何從幽谷型提升至巔峰型的有效途徑。

（二）僑生與本地生心理健康影響因子

本研究為探究僑生與本地生之「幽谷型」與「巔峰型」在生活壓力與自我疼惜上有何差異，使用獨立樣本 t 檢定進行幽谷型與巔峰型的差異分析，藉此瞭解幽谷型與巔峰型在研究變項上是否有顯著不同的情形，有助後續結論提出更深入的建議。

表 2 為本地生、馬來西亞僑生、港澳僑生之幽谷型與巔峰型在生活壓力平均數、標準差與顯著考驗結果。本地生之幽谷型在「學業壓力」（$t = 2.10$，$p < .05$）、「經濟壓力」（$t = 2.25$，$p < .05$）的得分上，顯著高於巔峰型；馬來西亞僑生之巔峰型在「學業壓力」（$t = -2.27$，$p < .05$）的得分，顯著高於幽谷型。而港澳僑生的幽谷型與巔峰型在生活壓力上並無顯著差異。

表 3 為臺灣本地生、馬來西亞僑生、港澳僑生之幽谷型與巔峰型在自我疼惜之平均數、標準差以及顯著考驗結果，如表所

表2 僑生與本地生之幽谷型與巔峰型在生活壓力平均數、標準差及顯著性考驗摘要表（N=1347）

生活壓力		M (SD) 幽谷 (N=24)	巔峰 (N=250)	df	t值	95%CL LL	UL	事後比較
臺灣本地生	N	15	165					
	學業壓力	4.86 (1.61)	3.83 (1.82)	178	2.10*	.06	1.98	幽谷 > 巔峰
	家庭壓力	2.53 (2.26)	2.54 (2.27)	178	.01	-1.21	1.20	
	未來規劃壓力	5.10 (2.93)	4.27 (3.42)	178	.91	-.97	2.64	
	經濟壓力	5.23 (4.06)	2.85 (2.15)	14.72	2.25*	.12	4.65	幽谷 > 巔峰
	情緒爭吵壓力	2.80 (2.81)	1.97 (1.44)	178	1.93	-.02	1.68	
	人際壓力	3.67 (2.97)	2.06 (1.41)	14.58	2.07	-.05	3.26	
馬來西亞僑生	N	7	62					
	學業壓力	3.45 (.65)	4.24 (1.96)	22.60	-2.27*	-1.51	-.07	巔峰 > 幽谷
	家庭壓力	1.82 (.86)	2.21 (1.45)	67	-.68	-1.51	.74	
	未來規劃壓力	4.11 (1.78)	4.37 (2.56)	67	-.26	-2.25	1.73	
	經濟壓力	4.14 (2.91)	4.23 (2.98)	67	-.07*	-2.45	2.29	
	情緒爭吵壓力	1.91 (1.12)	2.01 (1.40)	67	-.18	-1.19	.99	
	人際壓力	2.86 (1.48)	2.24 (1.53)	67	1.01	-.60	1.82	
港澳僑生	N	2	23					
	學業壓力	2.72 (2.43)	5.39 (2.48)	23	-1.47	-6.45	1.10	
	家庭壓力	1.00 (.00)	2.13 (1.81)	23	-.87	-3.83	1.57	
	未來規劃壓力	2.13 (1.59)	5.85 (4.03)	23	-1.28	-9.75	2.30	
	經濟壓力	1.50 (.71)	3.13 (2.76)	23	-.82	-5.76	2.56	
	情緒爭吵壓力	2.17 (.71)	1.74 (1.42)	23	.42	-1.69	2.38	
	人際壓力	2.50 (2.12)	1.85 (1.07)	23	.77	-1.09	3.26	

註：*$p < .05$，**$p < .01$，***$p < .001$

示，臺灣本地生的巔峰型在「自我仁慈」（$t = -4.08$，$p < .001$）、「共同苦境」（$t = -3.25$，$p < .01$）、「正念」（$t = -3.76$，$p < .001$）的得分上，顯著高於幽谷型；馬來西亞僑生的巔峰型在「自我仁慈」（$t = -2.89$，$p < .01$）、「正念」（$t = -2.08$，$p < .05$）的得分上，顯著高於幽谷型。而港澳僑生的幽谷型與巔峰型在生活壓力上並無顯著差異。

（三）研究結果討論

關於本地生與馬來西亞僑生、港澳僑生可能分屬的心理健康狀態類型，顯示出臺灣本地生的心理健康狀態前三高為：大眾型（24.5%）、巔峰型（21.4%）、滿足型（13.2%）；馬來西亞僑生之心理健康狀態前三高為：大眾型（27.3%）、巔峰型（17.1%）、滿足型（14.4%）；港澳僑生之心理健康狀態前三高為：大眾型（30.0%）、奮戰型（16.0%）、愁善型（14.1%）。此結果與陳柏霖（2012）針對大學生的心理健康狀態等相關研究部分一致，大學生心理健康狀態前三高為：大眾型（27.6%）、滿足型（18.6%）、巔峰型（15.8%），與本研究結果的臺灣本地生、馬來西亞僑生大致一致，僅港澳僑生相較傾向中憂鬱的愁善型與奮戰型。

而探究以上主要的幾種類型，傾向「大眾型」（中幸福中憂鬱）者，可能出現憂鬱情緒，但生活上又能感到滿足，且生、心理與社會運作機能皆維持一定的中等水平；而傾向「巔峰型」（高幸福低憂鬱）者，可能有高度的主觀幸福感，並且當前沒有任何心理精神疾患等症狀，是完全心理健康狀態；而傾向「滿足型」（中幸福低憂鬱）者，能夠了解並找尋自己存在的意義與目標，也期望生活美滿幸福，並且沒有心理精神疾患等症狀，但有

表 3　僑生與本地生之幽谷型與巔峰型在自我疼惜平均數、標準差及顯著性考驗摘要表（N = 1347）

自我悲憫		M (SD)		df	t值	95%CL		事後比較
		幽谷 (N = 24)	巔峰 (N = 250)			LL	UL	
臺灣本地生	N	15	165					
	自我仁慈	2.76 (.57)	3.29 (.48)	178	-4.08***	-.79	-.28	巔峰 > 幽谷
	自我批評	2.31 (2.31)	2.17 (.59)	178	.88	-.18	.46	
	共同苦境	2.63 (.72)	3.25 (.48)	15.15	-3.25**	-1.02	-.21	巔峰 > 幽谷
	孤立經驗	2.40 (.67)	2.07 (.62)	178	1.95	.00	.66	
	正念	2.76 (.48)	3.28 (.53)	178	-3.76***	-.81	-.25	巔峰 > 幽谷
	過度認同	2.43 (.59)	2.29 (.65)	178	.81	-.20	.48	
馬來西亞僑生	N	7	62					
	自我仁慈	2.71 (.54)	3.26 (.47)	67	-2.89***	-.93	-.17	巔峰 > 幽谷
	自我批評	2.34 (.63)	2.21 (.67)	67	.50	-.40	.67	
	共同苦境	3.04 (.49)	3.21 (.49)	67	-.91	-.57	.21	
	孤立經驗	2.21 (.76)	2.01 (.62)	67	.81	-.30	.70	
	正念	3.00 (.51)	3.37 (.43)	67	-2.08*	-.72	-.01	巔峰 > 幽谷
	過度認同	2.21 (.56)	2.26 (.67)	67	-.18	-.58	.49	
港澳僑生	N	2	23					
	自我仁慈	2.50 (2.43)	3.06 (.41)	23	-1.78	-1.21	.09	
	自我批評	1.80 (.28)	2.37 (.74)	23	-1.05	-1.68	.55	
	共同苦境	2.00 (1.41)	3.33 (.49)	1.02	-1.32	-13.50	10.85	
	孤立經驗	2.50 (.71)	2.52 (.62)	23	-.05	-.97	.93	
	正念	2.50 (.71)	3.13 (.43)	23		-1.32	.06	
	過度認同	2.13 (1.24)	2.62 (.61)	23	1.03	-1.49	.50	

註：*p < .05，**p < .01，***p < .001

時候仍可能出現壓力與煩惱、擔憂、身體疲憊等症狀；傾向「愁善型」（低幸福中憂鬱）者，可能會感到空虛且停滯，自認不太幸福，可能伴隨生理不舒服與心理上的負向情緒與頹廢等症狀；傾向「奮戰型」（高幸福中憂鬱）者，可能會在生活當中體驗到大量的愉快情緒，並滿意生活現況，但遇到壓力時可能伴隨無力感、負向思考、無法專心、心情低落、睡眠情形不佳等症狀。

若僅就心理疾病（即憂鬱）症狀向度探究，具低度憂鬱傾向的臺灣本地生有 36.5%、馬來西亞僑生 33.4%、港澳僑生 21.2%，具高度憂鬱傾向的臺灣本地生有 16.3%、馬來西亞僑生 14.6%、港澳僑生 18.7%。絕大多數學生的憂鬱情緒是偏低的，約占 33.3%，而具高度憂鬱傾向的學生，僅約占 16.2%。此一結果與陳柏霖（2012）的結果一致。雖然研究結果顯示，同樣憂鬱情緒傾向偏向輕度，但似乎本研究之憂鬱情緒有約略上升的趨勢，值得後續研究持續觀察與探究。

而僅就心理健康（即主觀幸福感）狀態向度探究，具低度幸福的本地生有 20.5%、馬來西亞僑生有 24.5%、港澳僑生有 27.2%，具高度幸福的本地生有 36.2%、馬來西亞僑生有 30.1%、港澳僑生有 27.7%。整體結果顯示，本地生、馬來西亞僑生、港澳僑生在憂鬱方面皆屬於中度憂鬱的介於 47.2 至 60.1% 之間，而在主觀幸福方面皆屬於中度幸福的則介於 43.3% 至 45.3% 之間，為大眾型居多。

然而具高度憂鬱情緒傾向的本地生有 16.3%、馬來西亞僑生 14.6%、港澳僑生 18.7%，這樣的結果與過往研究相比約略為上升，值得更加關切與照顧，此高度憂鬱傾向的學生可能是患有憂鬱症狀的高危險群，需再透過精神科醫師進一步診斷，確認是否罹病（余民寧等，2008）。而陳柏霖（2012）指出，自陳式

工具有其使用上的限制，可能因為其他外在因素而干擾之，如同Wolpert（1999）提到，在實務診斷上，仍然需要專業精神科醫生進一步診斷，才能確定有憂鬱傾向的高危險群者是否真的罹患憂鬱症，並且探究處於哪個階段，方可決定適切的診療方式。

依據上述分析結果，從正向心理學的觀點來看，心理健康不是單一的因素，心理健康是雙圓的關係，主觀幸福感與憂鬱症狀可以相互交叉成為九種類型的狀態。因此，具有不同類型心理健康狀態之個體，所需要的心理輔導與專業協助的程度也不盡相同，「幽谷型」的個體因為低幸福低憂鬱，在心理相關疾病上並無急迫且嚴重需要解決的問題，唯獨在幸福感上相較低落，因此需要教育領域的介入與協助，以正向的認知方式、正向的壓力因應策略方式、自我歸因方式來教導個體如何處遇生活事件，從中有效提升幸福感。如果能降低「幽谷型」個體的壓力源，並教導、規劃相關促進心理健康的活動與壓力因應、認知思考方式，將能達到「巔峰型」低憂鬱—高幸福的狀態。

四、結論與建議

（一）結論

本地生的心理健康狀態前三高分別為：大眾型、巔峰型、滿足型；馬來西亞僑生的心理健康狀態前三高分別為：大眾型、巔峰型、滿足型；港澳僑生的心理健康狀態前三高分別為：大眾型、奮戰型、愁善型。本地生的幽谷型在「學業壓力」、「經濟壓力」的得分顯著高於巔峰型；馬來西亞僑生的巔峰型在「學業壓力」的得分顯著高於幽谷型。而港澳僑生的幽谷型與巔峰型在生活壓力上並無顯著差異；本地生的巔峰型在「自我仁慈」、「共同苦

境」、「正念」的得分顯著高於幽谷型;馬來西亞僑生的巔峰型在「自我仁慈」、「正念」的得分顯著高於幽谷型。而港澳僑生的幽谷型與巔峰型在生活壓力上並無顯著差異。

(二)本研究對校務研究領域相關研究之意涵與啓發

近期國內高級中等學校以上開始討論「心理健康假」,學生透過這個假,可以覺察自我的心理與情緒狀態,為自主決定照顧自己的假別。本研究結果顯示,屬於高憂鬱情緒的學生人數雖不多,但大學生的心理健康狀態仍極需被關注,也許透過初步評估並不屬於錯亂、徬徨或掙扎型,但可能是中憂鬱情緒傾向。過往陳柏霖等(2016)進行個案大學心理健康調查,串接校務研究資料分析,將結果提供給心理輔導中心作為後續方案推動之參考,認為各校亦宜盤點目前學生的心理健康類型,參照心理諮商中心相關數據分析,同時串接校務研究資料分析。學校有責任創造一個更具支持性的系統,如減少高等教育機構障礙,以協助學生投入有效的學習活動(Greene et al., 2008)。經由校務研究資料分析與取得師生共識後,設立心理健康假,讓尚未嚴重需要就醫或尋求心理師晤談的學生,藉由假期正視自己的情緒,好好地自我疼惜,並從中解決自己的生活壓力,最後從幽谷邁向巔峰。

(三)未來研究建議

本研究以橫斷式研究探究本地生、馬來西亞僑生、港澳僑生不同心理健康類型,以生活壓力與自我疼惜作為心理健康影響因子。然而研究方法上仍有其限制,建議未來研究能以多重檢驗(concurrent triangulation design)的混合研究設計法,以量化資料的蒐集與分析,結合質化資料的蒐集與分析,用以瞭解同一批本地生、馬來西亞僑生、港澳僑生在修習自我疼惜等相關課程

後，對於其生活壓力、自我疼惜與心理健康的發展上是否有變化，使其研究結果與解釋更為臻善。在訪談中，除了能進一步瞭解其改變原因，還能探究本地生、馬來西亞僑生、港澳僑生之所以在這些狀態上有所差異，是否因其民族性與文化性所造成。

參考文獻

Neff, K.D（2013）。寬容，讓自己更好：接受不完美的心理練習（錢基蓮譯）。天下。（原著出版於 2011 年）。

方慧（1996）。臺北地區大學僑生生活調適之研究 [未出版之碩士論文]。中國文化大學。

余民寧（2011）。**幸福心理學：從幽谷邁向巔峰之路**。心理。

余民寧、陳柏霖、陳玉樺（2018）。巔峰型教師的樣貌：圓滿幸福、知覺工作壓力、靈性幸福感及心理健康之關係。**教育心理學報，50**（1），1-30。

余民寧、黃馨瑩、劉育如（2011）。「臺灣憂鬱症量表」心理計量特質分析報告。**測驗學刊，58**（3），479-500。

余民寧、劉育如、李仁豪（2008）。臺灣憂鬱症量表的實用決斷分數編製報告。**教育研究與發展期刊，4**（4），231-257。

林清文（1992）。僑生教育績效問題之探討。**僑苑，15**，46-50。

陳柏霖（2012）。**邁向未來：大學生用心、心理資本及心理健康之關係** [未出版之博士論文]。國立政治大學。

＿＿＿＿＿（2022 年 10 月 22 至 23 日）。漂洋過海僑生育才之樣貌：僑生恆毅力、學習賦權、學習投入及學習成效之關係 [研討會發表]。發表於「僑務發展與全球華人研究的新路徑」111 年僑務學術研討會，臺北市，臺灣。

陳柏霖、何慧卿、高旭繁（2016）。大一巔峰型新生學校生活適應、心理資本及心理健康之關係。**教育與心理研究，39**（2），27-59。

陳柏霖、余民寧、洪兆祥（2019）。僑生與本地生的目標設定、全心學習、意志力及巔峰幸福之模型建構及其差異比較。**教育科學研究期刊，64**（2），131-160。https://doi.org/10.6209/ JORIES.201906_64(2).0005

陳柏霖、林靜慧、蔡亦倫（2022 年 2 月 11 日）。Comparison of emotional creativity, grit, and learning engagement between with foreign students and Taiwanese students in the Taiwan［研討會發表］。發表於「後疫情時代校務研究的演變與因應策略」臺灣校務研究專業協會第四屆第一次年會暨國際研討會，新竹市，臺灣。

陳柏霖、蔡亦倫（2021）。以自我疼惜與主觀幸福感為中介：僑生與本地生在生活壓力與憂鬱情緒之關係。**中華輔導與諮商學報，62**，77-116。https://doi.org/10.3966/172851862021090062003

蔡亦倫、陳柏霖（2019）。以壓力因應策略為調節變項：僑生與本地生在生活壓力與心盛之關係。**教育與心理研究，42**（4），101-141。https://doi.org/10.3966/102498852019124204004

蔣美華（2003）。**大專僑生生活適應與生涯輔導之研究**［未出版之碩士論文］。彰化師範大學。

駱芳美、郭國禎（2012）。時間會解決一切嗎？居住時間、壓力因應策略與僑生憂鬱狀況的相關研究。**輔導與諮商學報，34**（1），69-91。

Bishop, S. R., Lau, M., Shapiro, S., Carlson, L., Anderson, N. D., Carmody, J., . . . Devins, G. (2004). Mindfulness: A proposed operational definition. *Clinical Psychology: Science and Practice, 11*, 230–241.

Chen, P.-L. (2021). Comparison of psychological capital, self-compassion, and mental health between overseas Chinese students and Taiwanese students in Taiwan. *Personality and Individual Differences, 183*, online. https://doi.org/10.1016/j.paid.2021.111131

Gilbert, P., McEwan, K., Matos, M., & Rivis, A. (2011). Fears of compassion: Development of three self report measures. *Psychology and Psychotherapy: Theory, Research and Practice, 84*(3), 239–255. https://doi.org/10.1348/147608310X526511

Greene, T. G., Marti, C., & McClenney, K. (2008). The effort-outcome gap: Differences for African American and Hispanic community college students in student engagement and academic achievement. *Journal of Higher Education, 79*(5), 513-539.

Huppert, F. A. (2005). Positive mental health in individuals and populations. In F. A. Huppert, B. Keverne & N. Baylis (Eds.), *The Science of Well-being* (pp. 307-340). Oxford University.

_____. (2009). A new approach to reducing disorder and improving well-being. *Perspectives on Psychological Science, 4*, 108-111.

Huppert, F. A., & Whittington, J. E. (2003). Evidence for the independence of positive and negative well-being: implications for quality of life assessment. *British Journal of Health Psychology, 8*, 107-122.

Keyes, C. L. M. (2002). The mental health continuum: From languishing to flourishing in life. *Journal of Health and Social Behavior, 43*(2), 207-222.

_____. (2003). Complete mental health: An agenda for the 21st century. In C. L. M. Keyes & J. Haidt (Eds.), *Flourishing: Positive Psychology and the Life Well-lived* (pp.293-312). American Psychological Association.

_____. (2005a). Mental illness and/or mental health? Investigating axioms of the complete state model of health. *Journal of Consulting and Clinical Psychology, 73*(3), 539-548.

_____. (2005b). Chronic physical conditions and aging: Is mental health a potential protective factor? *Ageing International, 30*(1), 88-104.

Keyes, C. L. M., & Lopez, S. J. (2002). Toward a science of mental health: Positive directions in diagnosis and interventions. In C. R. Snyder & S. J. Lopez (Eds.), *Handbook of Positive Psychology* (pp. 45-59). Oxford University.

Neff, K. (2009). Self-compassion. In M. R. Leary & R. H. Hoyle (Eds.), *Handbook of Individual Differences in Social Behavior* (pp. 561–573). The Guilford.

_____. (2003). Development and validation of a scale to measure self-compassion. *Self and Identity, 2*, 223–250.

Nolen-Hoeksema, S. (1991). Responses to depression and their effects on the duration of depressive episodes. *Journal of Abnormal Psychology, 100*(4), 569–582. https://doi:10.1037/0021-843X.100.4.569

Penninx, B. W. J. H., Guralnik, J. M., Simonsick, E. M., Kasper, J. D., Ferrucci, L., & Fried, L. P. (1998). Emotional vitality among disabled older women: The women's health and aging study. *Journal of the American Geriatrics Society, 46*, 807-815.

Phillips, W. J., & Ferguson, S. J. (2013). Self-compassion: a resource for positive aging. *The Journals of Gerontology Series B: Psychological Sciences and Social Sciences, 68*(4), 529-539.

Robitschek, C., & Keyes, C. L. M. (2009). Keyes's model of mental health with personal growth initiative as a parsimonious predictor. *Journal of Counseling Psychology, 56*(2), 321-329.

Wolpert, L. (1999). *Malignant sadness: The anatomy of depression.* Routledge.

Yu, M. N., Hsieh, J. C., Chen, P. L., Chung, P. C., Syu, J. J., & Chao, P. C. (2010, July). The proposal of types of mental health status. Paper presented at the 2010 New Zealand Psychological Society Conference (NZPsS 2010) held on the Rydges Hotel, Rotorua, New Zealand.

大一新生專業與共同課程之學習表現初探

國立中央大學校務研究辦公室博士後研究員
許哲毓
國立中央大學數學系教授
校務研究辦公室策略分析組組長
黃楓南
國立中央大學資訊工程學系教授
校務研究辦公室資料治理組組長
陳增益
國立中央大學資訊工程學系教授
校務研究辦公室主任
張嘉惠

壹、前言

一、研究背景

　　高等教育是衡量國家社經發展的關鍵指標，隨著科技、經濟的突破，各國無不重視專業與跨領域人才的培育。多數先進國家的高等教育方針，已從「大眾化」轉向「品質化」，品質保證（quality assurance）機制成為一致的要求（郭為藩，2008）。學生學習成效已成當代學校績效責任中，不可或缺的一個評鑑項目（秦夢群、吳政達，2005）。美國教育部亦提出評估高等教育的績效是高等教育品質保證的關鍵要素，並建議各州政府規定高

等教育機構採用「大學學習評量標準」等全國性指標，檢核學生學習成就與列入追蹤（駐美文化組，2008）。

因此，臺灣高等教育的品質保證應有學生的學習成效相關數據作為佐證，而管考機制可採用多元方法或指標達成。大學校園生活自由開放，為人生學習的精華階段，新生所面臨的生活環境、學習方式、人際關係等與高中階段差異性甚大，特別是大學教師不會監督個人成績與表現。然而，從過往研究與現況皆顯示，大一新生在新環境中對學校資源與教學的陌生感，會導致專業學習的種種問題。Weinstein 與 Macdonald（1986）認為，若想要達到一定學習效果，其重要關鍵是學習者能掌握學習的知識與策略。奠定專業學術的基礎是學生所重視的，亦是大學機構與教師最關心的議題。學生的學習成果不僅是個人成就，更是外界檢視該大學績效的重要項目。另一方面，高等教育中的學生背景多元，在經歷家庭與學校文化、期望的衝突後，其產生的疏離感將使學生在課室上容易感受認知與學習轉化的困難（Miller et al., 2005）。我們必須瞭解，學習不限縮於單純的教學現場中，學習表現會受到不同因素影響，故在大學校務執行面，亦必須重視使新生在專業學習上能保有其高中時期的學習熱忱。

綜上所述，大一新生在初進入大學校園時，應先學會如何學習、掌握學習策略，而非僅鑽研學術知識（UNESCO, 1996）。大學也應即時提供新生輔導，使他們克服過渡時期所發生的人際與學術習得困難（Tinto, 1999）。以下，本研究將探討大一新生的學習成績、學習成效滿意度、個人背景，從中理解不同院系新生在大學第一年專業與共同課程的滿意度差異，並發掘問題與提出學習機制的建議，適時改善大學新生的學習競爭力問題，以符合校務研究之循環檢核機制。

二、研究問題

（一）個人背景變項對其專業課程與共同課程之學習成效滿意度是否具差異性？

（二）不同院系學生對其專業課程與共同課程之學習成效滿意度是否具差異性？

（三）學生專業課程與共同課程成績與學習成效滿意度之相關分析？

貳、文獻探討

一、新生學習與適應

　　無論在哪一個教育階段，學生對新的學習環境難免充滿憧憬，但也將面臨多樣的挑戰。Pascarella 與 Terenzini（1991）將學習階段轉換描述為一種「文化衝擊」，涉及社會和心理問題。由於大學提倡自由學習與選課風氣，這樣的新鮮感使新生對於學習充滿信心。大一新生在進入大學時，在學術和非學術領域都有過高的期望，認為大學能有效提供課外活動和學術機會，Stern（1966）將這種誤解歸納為「新生神話」（Freshman Myth）。上述現象受到學者與專家關注，美國高等教育標準促進評議委員會（Council for the Advancement of Standards in Higher Education [CAS], 1997）對此議題明確指出，學校對大學新生有定向輔導之責，且應負三項任務：（一）幫助新生融入學校；（二）提供新生學前準備以面對高等教育；（三）引導新生融入學術專業、文化與社會的環境。

　　上述三項任務中，專業學習是高等教育最受新生所關注的項

目，亦影響其未來性與學術發展。Upcraft 與 Gardner（1989）即指出成功的大學生活大多取決於新生的第一年經驗，學校有責任促進新生學習成功，包括生活品質、學術與個人目標、融入校園生活。Upcraft 等（2005）亦認為新生在適應新環境所衍生的行為模式，有助於該生身心成長，亦是影響大學生涯是否能夠成功學習的關鍵因素（黃玉等，2005；葉紹國等，2007）。Gerdes 與 Mallinckrodt（1994）發現個人是否適應和融入校園生活的社會結構與學術習得一樣重要。故大一新生在建立學習與生活基礎時，應有良好的學習策略與正確態度，才能擁有學習與成長的慾望（天下雜誌，2008）。

Astin（1993）認為融入校園可展現學生在大學中最好的學習效果。而投入校園的方式可分成四種：投入課業學習時間、師生互動、同儕互動、學生個人調適。學生若於學校活動課程的有較高的投入度，亦會提升團隊合作精神的培育（林怡珊、詹志禹，2009）。然而自由度是大學學習的特點，曹俊德（2015）指出，比起高中階段，老師與家長往往會給予大學生較多的尊重與自主，但這也表示大學新鮮人需擔負起更多的責任。在專業科目與學術培養上，並無法依循高中階段的學習模式。專業知識的深度與廣度是無邊際限制的，例如要學習技術相關的學科，不只包括了該學科專業，更甚是實習經驗等知識的總和。如果學生在學習專業科目時，沒有即時調整學習思維，將不利學術發展與創造，故學生必須在學習過程中學會適性與學習如何學（learn how to learn），才能使個體具備學習新知的能力和方法，實踐終身學習與探索（劉佩雲、陳柏霖，2009）。

相關的學習研究（陳木金，2010）指出學生所繪製的學習地圖，皆是學習歷程中所調適與發展的模式，其學習地圖的製作方

式與成果將受不同學習個體有所差異。這是多元智能的展現，特別是大一新生來自不同入學管道與生長背景，選擇專業領域的差異性大，確實需要探究不同背景之新生學習歷程。何希慧（2014）也提出學校應規劃合適的大一入門課程（gateway courses）或安排課業輔導，作為學生安置機制（student placement），以提升新生的課業準備度（academic preparation），藉以排除學習落後的可能，減少休學、退學學生數。

　　鑑於新生在學習有多樣的挑戰，且研究皆指出這些挑戰影響新生未來的保留率、畢業狀況、就業率及學術挑戰。當前高教機構不容忽視此現象，特別是新生的學習指引需要與時俱進。本研究將針對大一新生的專業學術學習進行討論，提出大一新生相關學習建議。

二、學習滿意度

　　學生的滿意度是從教育角度來考察，而大學的滿意度有許多不同面向的定義。Tough（1982）將學生滿意度定義為學生對他們學習活動的看法或態度。當學生感到積極正向時，滿意感自然而得，但當他們消極負向時，則感到不滿意。Aldridge與Rowley（1998）將學生滿意度評價分為兩類，第一類重於課堂教學的評價，第二類重於學生在校園的綜合體驗。Elliott與Healy（2001）定義為「短期態度」導致學生對教育經歷的評價，並認為學生的滿意度即是對自我期望的滿意度，當學生的課堂實際經歷或表現達到或超過他們最初的期望，學生的滿意度就達到應有標準。Kotler等人（2009）將滿意度定義為個人感知的績效與期望值之間的差異結果。各學者對學習滿意度雖然看法稍有差異，但都指出學生對於課堂與校園歷程滿意度的關注與重視。

Astin（1993）指出高等教育聯繫學生、教育經歷兩端的整體認知評價。學生滿意度是高等教育機構的主要績效指標（Bryant & Bodfish, 2014）之一。它決定學習過程的結果是否符合學生的要求與期望，可檢視該高等教育機構的辦學績效。這亦是高等教育機構展現學術與教學質量的保證，故評估大學階段的學習滿意度十分重要。然而，高等教育的多層次性，導致評估學生的滿意度是一項艱鉅的任務，特別是評估一年級學生的經歷和滿意度（Elliot, 2002），因為他們的生活與學習如同網路般的複雜與交疊。Schrader 與 Brown（2008）即指出，由於教育在本質上是複雜的，其體驗感知受到多樣的交互作用，故需要「多維度」的考量和評價（Hanssen & Solvoll, 2015），意即學生學習滿意度的考核層面不僅限於學期成績表現，更涵蓋課程多元化、教師授課與學校行政服務等體驗面向。

進一步而言，學生的學習滿意度也會對該校的學術成就和學生保留率帶來影響，甚至關乎大學生是否能順利畢業（Schertzer & Schertzer, 2004; Styron, 2010; Dhaqane & Afrah, 2016）。保留率是指第二年註冊同一所學校一年級新生的百分比，研究亦發現學生的保留率與社會、學術參與度有關，而退學學生的社會參與和教師的親和力體驗度明顯低於未退學學生。由於高滿意度的學生能保持學習和畢業的機率也越高（Bryant & Bodfish, 2014），滿意度可以激勵學生更加努力學習，獲得成功，並堅持到畢業。同樣的，學生在大學第一年的體驗感受與經歷，奠定未來學習成就和畢業基礎。Al-Sheeb 等（2018）即指出大一新鮮人的滿意度，是評估第一年學習成效最重要的維度之一，其調查數據可為學校辦學提供寶貴的洞察力，藉此了解不同的影響因素，並及時提出改善與輔導機制。

根據各學者的研究可知，探討第一年學生整體滿意度以及定期評估學生的滿意度是非常重要的，可讓學校在辦學規劃和目標設定上有明確的方向指引，對學生、教師與學校三方皆具有正面的價值。不過，這些調查人力與相關資源成本高，且不容易為學院人員所掌握，執行上有相當的困難。本研究不畏艱困與挑戰，針對大一新生進行學習滿意度調查，期許提出新生學習的模板。

三、學習成效

　　大學教育往往在人的求學歷程中是最重要的階段，對其未來發展帶來莫大影響。Guay 等（2008）指出在一段學習活動完成後，需要以一套標準衡量學生的專業知識、能力和態度，即學習成效是判斷學生學習成果的指標。此外，學習成效亦影響學生畢業後的職涯選擇、學術發展或終身學習信念，故學習成效的建立與考核需要高教單位投入，並發展相關資源。

　　學習成效的建立，讓學生有明確的方向了解自身的學習狀況，以及反思學習的缺失，並可作為教師精進教學的參考（Guay et al., 2008）。另一方面，學習成效存在亦可營造出一個監測和反饋學生學與思的環境，促使學生取得成功（Tinto, 1999）。若能掌握學習者的學習動機、學習狀況與學習滿意度，無論對學生、教師，甚至是從學校角度來思考，皆深具重要意義。

　　Kirkpatrick 與 Kirkpatrick（2006）提出學習成效評估可分為四個層次（four-level training evaluations model），分別是（一）反應（reaction）：指學習者對課程的各層面喜愛感受，包含課程主題、講者、課程內容、進度；（二）學習（learning）：指學習者是否學習到知識、技能或態度；（三）行為（behavior）：指學習者於學習結束後，是否有調整其行為；（四）成果

（results）：指衡量學習者如何應用知識或技能，但評量、認定學習活動的改變不易，較難有系統的報告。上述四個層次，第一層和第二層可透過回饋問卷及測驗成績來評估，但是第三及第四層次的學習成效可能需要較長時間的觀察（李勇輝，2017）。對學校來說，問卷的即時性與測驗成績的公平性，是當代臺灣高教評估學生學習成效的主流作法，而本研究問卷調查亦屬於上述定義的第一層與第二層次。此外，從中發展多元學習成效指標與評量學習方式更是校務研究重點。

　　簡言之，相關學習成效研究證實大學生對於大學教育功能的價值評估與個人經驗，將同時影響學生校園生活經驗與學習成果（Laird, 2005; Crawford & Olsen, 1998）。而陳春安與鍾潤華（2019）亦指出，學生若能夠對於學習課程保持更正向的動機，將進一步提升學生的學習成效。上述研究顯示，對於高等教育的知覺與態度是影響學校成效的關鍵之一，非僅限於教師在課室中授課，而是學生、教師與校方三者的交互作用。

　　綜上所述，本研究欲評估新生學習成效，將串聯學生填答的學習成效問卷與學期成績進行差異比較分析，並從中探究新生對於學校、系所的學習資源感受，期望從數據中提出有效建議。

參、研究方法

　　本節說明問卷調查中所涉及的研究對象、時程安排、研究工具。資料分析將使用量化分析學生專業素養的滿意度與專業、共同課程成績。

一、研究對象

本研究選取的學校為桃園市一所國立大學的大一新生，含八個學院共 1,517 人。安排施測期間為 110 年 5 月至 6 月，共回收 758 份問卷，經剔除 76 人無效問卷後，得有效問卷 682 份，可用率為 90%。關於學習成果的依據，則以其 109 學年度第一學期與第二學期的平均成績為計算依據。個人背景資料的部分，分為學院別、性別、高中畢業學校公私立別、高中畢業學校就學區。有關施測樣本的基本資料，如表 1。

表 1　學生背景分析

項目	類別	次數	百分比
學院別	文學院	72	10.6
	理學院	102	15
	工學院	148	21.7
	管理學院	125	18.3
	資電學院	121	17.7
	地科學院	54	7.9
	客家學院	24	3.5
	生醫理工學院	36	5.3
	小計	682	100
性別	男	408	59.8
	女	274	40.2
	小計	682	100
高中畢業學校公私立別	公立	576	84.5
	私立	106	15.5
	小計	682	100
高中就學區	北	367	53.8
	中	139	20.4
	南	135	19.8
	東	25	3.7
	外國學歷	16	2.3
	小計	682	100

二、研究工具

本研究採用研究對象的大學 2021 高教深耕計畫中，針對學生所作的「學生學習成效問卷」，其設計乃由該大學專家研討與彙整，經因素分析刪減題目並實施預試與專家會議所得。此問卷內容豐富，面向涵蓋專業素養能力、終身學習的關鍵軟實力、學用創合一的就業力等經驗滿意度，共計 73 題。總信度為 .97，各構面信度為 .93、.96、.92，其 Cronbach's α 值介於 .9~ .8 之間，表示本問卷信度良好。但本文目的為理解大一新生之學業成就的成效，故將只探討專業素養能力構面的 25 道題目，如表 2。其餘面向的議題不予討論，問卷說明如下：

（一）專業力：指在該大學所提供之專業、共同課程的滿意程度，共 8 題。採 Likert 四點量表分為：非常不同意、不同意、同意、非常同意，計分方式依序為 1、2、3、4，加總後平均的分數愈接近 4，表示學生滿意度愈高。此部分內部一致性 α 係數為 .85。

（二）資訊力：指在該大學的課程中資訊使用的滿意程度，共 11 題。採 Likert 四點量表分為：非常不同意、不同意、同意、非常同意，計分方式依序為 1、2、3、4，加總後平均的分數愈接近 4，表示學生滿意度愈高。此部分內部一致性 α 係數為 .89。

（三）敘事力：指在該大學課程涵蓋敘事力培養的滿意程度，共 6 題。採 Likert 四點量表分為：非常不同意、不同意、同意、非常同意，計分方式依序為 1、2、3、4，加總後平均的分數愈接近 4，表示學生滿意度愈高。此部分內部一致性 α 係數為 .82。

表 2 專業素養的問卷內容

潛在變項	題項	滿分
專業力	我能學習足夠的專業知識與技能。	32
	我能正確理解及使用專業知識與技能。	
	上課時我會認真聽講、主動發問及回答問題。	
	遇到課業上的問題，我會運用校內的資源，設法弄懂。	
	我能學習足夠專業學術倫理，並懂得理解及應用。	
	在學習或做事情時，我會嘗試使用各種方式，去解決問題。	
	我相信我的點子是可以實現的，即使有困難，我還是會設法去做看看。	
	我喜歡解決問題，願意花很多時間想辦法把它做到更好。	
資訊力	我能辨識自己的資訊需求。	44
	我能有效的陳述資訊問題及表達資訊需求。	
	我能利用資訊科技媒體有效地檢索需要的資訊。	
	我能決定資訊是否正確、相關和完整。	
	我能區分資訊中的事實、個人觀點和意見的不同。	
	我能組織資訊並加以應用。	
	我能結合新的和已知的知識解決問題。	
	我能使用資訊做批判思考並解決問題。	
	我能夠善用相關資訊科技工具以達成學習目標。	
	我能正確的操作資訊科技與媒體能力。	
	我能了解與實踐資訊倫理，尊重智慧財產權。	

潛在變項	題項	滿分
敘事力	我可以判斷或查證日常所讀文本或新聞報導的真假。	24
	對於不知道的資訊或知識，我可以透過不同管道來找到相關資料。	
	對於所讀到的各種文字作品，我會產生批判或另外立場的觀點。	
	與人談話時，我可以清楚扼要的表達想法和訊息。	
	我可以用文字、語言、視覺影像或數位科技工具統整敘述一個複雜的事件。（例如新聞時事或是歷史事件）	
	我可以用不同角度去詮釋與描述同一個複雜的事件。（例如新聞時事或是歷史事件）	

三、資料收集與分析

本研究資料為蒐集學生學習成效調查問卷，經資料清洗與勾稽後，將其數據串接學生背景資料，如基本資料、高中就學地區等，以及大一專業與共同科目學期成績，如表 3。由於文學院與客家學院大一的專業學科中沒有共同科目，故僅分析國文與英文學期成績。

在資料分析部分，以獨立樣本 t 檢定、多因子變異數分析進行不同背景變項的差異考驗，再以事後比較法比較其差異。從中探討不同背景變項的大一新生在專業素養滿意度。接續，以單因子多變量變異數分析，探討不同學院的大一新生在專業素養滿意度，後續再以事後比較法比較其差異。以不同專業科目學期成績分群，探討大一新生專業素養滿意度與學期成績的差異。最後運用 Pearson 積差相關，針對學期成績與專業素養滿意度的關聯性進行探究。

表 3　各學院專業科目與共同科目

科目	人數（院）	平均	標準差
專業科目			
微積分	583 人（文 1 理 102 工 148 管 122 資電 121、地科 54、客家 1、生醫 34）	79.81	15.34
計算機概論	266 人（理 24 工 4 管 104 資電 121、生醫 13）	83.7	11.5
共同科目			
國文	552 人（文 34、理 83、工 136、管 99、資電 95、地科 49、客家 23、生醫 33）	83.32	7.22
英文		83.92	8

肆、資料分析

一、專業素養能力的學生背景變項之差異比較分析

　　針對大一新生個人背景變項的性別與高中畢業學校類型（公、私立）進行獨立樣本 t 檢定，而在高中畢業學校就學區、學院別進行單因子變異數分析。其分析結果如表 4。

表 4　學生背景變項之差異分析

	性別		高中類型		高中就學區		學院別	
	t 值	Cohen's d	t 值	Cohen's d	F 值	ω^2	F 值	ω^2
專業力	0.56	0.04	−1.53	−0.16	1.95	0.006	0.15	0.005
資訊力	−0.21	−0.02	−1.08	−0.11	0.21	0.003	0.61	0.000
敘事力	−1.04	−0.08	−1.76	−0.19	0.74	0.000	0.48	0.000

註：$*p < .05$，$**p < .01$，$***p < .001$

在性別方面，無論在專業力、資訊力與敘事力，皆無顯著差異。同樣的，在高中畢業學校類型、高中畢業學校就學區及學院別，亦皆無顯著差異。在效果量部分，無論在專業力、資訊力與敘事力分析，亦都呈現低度關聯強度。上述可知該校大一新生在專業力、資訊力與敘事力的滿意度上，不因性別、高中畢業學校類型、高中畢業學校就學區及學院別而有所差異。意即該校大一新生雖有不同的高中學習經驗與地域差異，但不影響他們在大學專業素養的滿意程度。教學單位在設計新生學前課程、學習指導與傳承等輔導活動時，不用擔心學生來自不同地區與擁有異同的學校經驗。相關新生課程皆可作全校統籌性規劃，亦能精簡行政人力、資源投入與經費成本支出。此外，新生在面對第一年學習時，所擁有的學習思維來自高中經歷，故教務單位應可提供「學習學」相關講座與課程，讓學生了解如何學習，以應對更深與廣的學術知能。

二、專業素養能力的不同院別之差異比較分析

　　接著再針對各學院與不同學群進行差異比較，並以 $\eta^2 = 0.01$ 為小效果量、$\eta^2 = 0.06$ 為中效果量、$\eta^2 = 0.15$ 為高效果量（Cohen, 1988）作為評估分析。首先，針對八個學院進行專業素養能力的單因子多變量變異數分析，如表 5。就專業素養滿意度而言，不同的學院新生有顯著差異（$\lambda = 0.93$，$p = 0.009$），因此再將八個學院區別為理工（理學院、工學院、資電學院、地球科學院、生醫理工）與人文（文學院、管理學院、客家學院）兩學群。接續，再從中比較其差異性。

表 5 　各學院之多變量變異數分析

專業素養	學院（n = 8）		多變量變異數分析		單因子變異數分析			
	M	SD	Wilk's λ	p-value	F 值	p-value	事後比較	η^2
專業力	3.2	0.41	0.93	0.009	1.53	0.15	—	0.01
資訊力	3.34	0.42			0.77	0.61	—	0.008
敘事力	3.2	0.44			0.93	0.48	—	0.01

　　在理工學群 519 人的專業素養滿意度，五個學院的新生無顯著差異（$\lambda = 0.96$，$p = 0.05$），如表 6。可知理工學群的學院新生對於專業素養感受沒有因隸屬不同院別而有所差異。

表 6 　理工學院之多變量變異數分析

專業素養	理工（n = 5）		多變量變異數分析		單因子變異數分析			
	M	SD	Wilk's λ	p-value	F 值	p-value	事後比較	η^2
專業力	3.24	0.41	0.96	0.05	0.97	0.35	--	0.009
資訊力	3.35	0.43			1.26	0.181	--	0.012
敘事力	3.21	0.46			0.12	0.96	--	0.001

　　而人文學群的專業素養滿意度，三個學院新生有顯著差異（$\lambda = 0.95$，$p = 0.02$），如表 7。可知人文學群的學院新生對於專業素養感受有差異。故進行事後比較，以單因子變異數分析發現，人文學院對專業力的滿意度優於管理學院與客家學院。

表 7 人文學院之多變量變異數分析

專業素養	人文 ($n=3$)		多變量變異數分析		單因子變異數分析			
	M	SD	Wilk's λ	p-value	F 值	p-value	事後比較	η^2
專業力	25.5	3.6	0.94	0.02	5.13	0.007	人文 > 管理人文 > 客家	0.04
資訊力	37	4.8			0.51	0.6	--	0.004
敘事力	19.4	2.6			1.98	0.14	--	0.017

最後，以微積分成績分為 91~100 分、81~90 分、71~80 分、60~70 分與 59 分以下，共五個成績群進行專業素養滿意度分析，結果如表 8 所示。不同成績群的新生有顯著差異（$\lambda = 0.81$，$p \leq .001$）。可知微積分不同成績群的新生對於專業素養有不同感受。其中，在專業力的 91~100 分群優於 59 分以下群、81~90 分群優於 59 分以下群。在資訊力的 91~100 分群優於 59 分以下群。

表 8 微積分學期成績群之多變量變異數分析

專業素養	微積分組 ($n=5$)		多變量變異數分析		單因子變異數分析			
	M	SD	Wilk's λ	p-value	F 值	p-value	事後比較	η^2
專業力	3.2	0.4	0.81	<0.001	3.69	0.006	1 > 5 2 > 5	0.009
資訊力	3.34	0.41			2.64	0.03	1 > 5	0.012
敘事力	3.18	0.45			1.06	0.375	--	0.001

而若以計算機概論成績分為91~100分、81~90分、71~80分、60~70分與59分以下，共五個成績群進行專業素養滿意度分析，結果如表9所示。不同計算機概論成績群的新生無顯著差異（λ= 0.93，p = 0.08）。可知計算機概論成績群的新生對於專業素養感受無差異。但以單因子變異數分析發現，專業力上的91~100分群優於59分以下群、81~90分群優於59分以下群。

表9　計算機概論學期成績群之多變量變異數分析

專業素養	計算機概論組（$n = 5$）		多變量變異數分析		單因子變異數分析			
	M	SD	Wilk's λ	p-value	F 值	p-value	事後比較	η^2
專業力	3.17	0.42	0.93	0.081	3.03	0.018	1>5 2>5	0.009
資訊力	3.36	0.45			1.34	0.255	--	0.012
敘事力	3.18	0.46			1.89	0.113	--	0.001

三、大一新生專業素養能力與學期成績之積差相關分析

　　為瞭解大一新生專業力、資訊力及敘事力，與學期成績間的相關性，進行 pearson's r 分析，如表10。在專業力中，僅國文無顯著相關，其餘學科達顯著相關，但屬低度正相關。顯示國文在課程中需要調整內容或授課方式，以利學生能區別專業發展性。在資訊力中，僅計算機概論達顯著，呈現低度正相關，其餘科目則無顯著相關。顯示微積分的基礎學習上，可能尚未使用到電腦進行模擬演算。而共同科目因屬於人文與語言訓練，故多數在資訊力無顯著相關。在敘事力中，所有科目皆呈現無顯著相

關。這現象在專業科目上，或許是課程內容多數是公式、證明與電腦語言的學習，較少機會有敘事屬性的內容。反之，共同科目的屬性與教學內容應包含敘事力的思維，但兩者間卻無關聯性。顯示國文與英文的學習內容，較少有敘事力思維的練習，使得學生在課程投入時，難以連結敘事力的培養。

表 10　滿意度與專業、共同學期成績之相關分析

	專業力	資訊力	敘事力
微積分	0.14*	0.08	−0.01
計算機概論	0.15*	0.13*	0.04
國文	0.06	0.07	−0.01
英文	0.10*	0.06	0.01

伍、結論與建議

一、結論

從研究結果可知，該校大一新生的專業力、資訊力與敘事力滿意度不受性別、高中畢業學校就學區、高中畢業學校類型與學院別而有所差異。以單因子多變量變異數分析時，八個學院在專業力、資訊力與敘事力雖有差異性，但差異性小，屬於小效果量。這顯示儘管該校新生來自不同地區與擁有不同的高中學校經驗等，但對於專業力、資訊力與敘事力的滿意程度是相似的。

再者，在專業學習科目中以微積分學期成績分群，發現在專業力滿意度的 91~100 分群優於 59 分以下群、81~90 分群優於 59 分以下群。在資訊力滿意度的 91~100 分群優於 59 分以下

群；以計算機概論學期成績分群，發現不同計算機概論成績群的新生無顯著差異。不過，以單因子變異數分析發現，專業力上的 91~100 分群優於 59 分以下群、81~90 分群優於 59 分以下群。上述可知，59 分以下群對於專業學科習得，滿意度低於其他成績群。因此，學校應提供課業低成就的新生在學習上的協助。

此外，專業、共同科目與滿意度相關分析中，專業力有微積分、計算機概論與英文達顯著相關，僅有國文無顯著相關。資訊力僅有計算機概論達顯著相關，而微積分、國文與英文無顯著相關。在敘事力中，所有科目皆呈現無顯著相關。上述結果與 Bean 與 Bradley（1986）的研究結果有所呼應。即學生成績對滿意度沒有積極影響，滿意度和成績之間的「互惠性」連結性低。

綜上所述，在校務規劃面，設計、舉辦新生學習活動，或是專業、共同課程安排時，確實能以全校性方向籌劃。校務上不僅可節省行政、經費等，亦能整合資源，讓活動效益擴大。如新生可藉由全校性活動與外系同學互動，促進跨領域學習的可能性，探索學術與未來發展。而在課程面，專業、共同科目在課程中仍有精進空間，調整內容或授課方式，以利學生感受知能發展性。如微積分需提供搭配電腦進行模擬演算的練習；國文與英文的學習內容應提供有敘事力思維的練習，使學生在課程投入時，連結敘事力的培養。

二、建議

針對本研究結果，新生雖然整體對學校所提供的課程滿意度高，但仍須關注新生真實學習感受。劉若蘭與楊昌裕（2010）指出學術與非學術都投入的學生學習與發展成果最好，故建議教師可設計增加學生參與性的課堂活動，強化學習熱情和參與度，

如分組問題解決活動等，藉此慢慢建立學生自主學習的步調。不過，這類學習內容不用設限於學科，亦可以是非學術性質，如永續環境、碳足跡等議題。教師可以推薦相關學習計畫，讓學生在學習中擁有更多的自由度。另外，校務上可建置開放式學習環境，如宿舍交誼廳、討論室等，透過預約制開放式學習空間，促進學生在任何時刻皆可進行討論。

最後，本次研究僅針對 109 年入學的大一新生，未來希望拓展不同入學年的新生資料，開展出整合研究，故每年應對新生做學習問卷分析，深入瞭解不同年的新生對學習的想法以及對自身學習的展望，藉以定時修正新生學習銜接模板，以利校務規劃教學活動與決策；亦可從數據實證中，明晰學習典範，創新思維與整合行政資源，以作為新生入學第一年的學習規劃參考。

參考文獻

天下雜誌（2008）。**2008 教育特刊：扎根 • 青春，作未來人才**。天下文化。

何希慧（2014）。校務研究的新思維：大學校院建立學生入學管理模式。**評鑑雙月刊**，**52**，14-18。

李勇輝（2017）。學習動機、學習策略與學習成效關係之研究：以數位學習為例。**經營管理學刊**，**14**（9），p68-86。

林怡珊、詹志禹（2009）。**大學生在正式課程與非正式課程中的主動學習表現**。〔論文發表〕2009 台灣教育研究學術研討會台灣教育研究年會，高雄市，臺灣。

秦夢群、吳政達（2006）。國民教育階段學校行政績效指標體系建構之研究。**教育資料與研究**，**68**，43-62。

曹俊德（2015）。科技大學學生身心適應調查表之施測與學生困擾分析。**止善**，**19**，125-157。

陳木金（2010）。學習地圖理論有效學習策略的啟示。載於國立政治大學教學發展中心（主編），**Fun 學趣學習手冊**（頁 6-16 頁）。國立政治大學教學發展中心。

陳春安、鍾潤華（2019）。桌球課程學習動機、 學習策略與學習成效之關係研究。**高科大體育**，**2**，81-95。

黃玉、劉若蘭、劉杏元、林至善、柯志堂、楊昌裕（2005）。**高等教育「學生事務工作實施準則與自我評量指引之研究」—新生定向輔導、學生宿舍方案與輔導、校園活動、學生司法事務、成果評估與方案評鑑**。教育部委託專案報告。國立臺灣師範大學公民教育與活動領導學系。

葉紹國、何英奇、陳舜芬（2007）。大一學生的校園參與經驗與收穫自評—以淡江、清華、師大三校為例。**師大學報**，**52**（3），91-114。

劉佩雲、陳柏霖（2009）。大學生多元智能、學習策略及其知識管理能力。**成人及終身教育學刊**，**13**，67-105。

劉若蘭、楊昌裕（2010）。同身分背景大學生校園經驗與學習成果滿意度之關係模式研究。**新竹教育大學教育學報**，**26**（2），1-21。

顏良育、王建畯、何健章、謝鎮偉、林淑惠（2019）。新北市國小手球選手學習成效與學習滿意度之研究。**輔仁大學體育學刊，18**，184-211。

駐美文化組（2008 年 3 月 12 日）。美國教育界呼籲各州評鑑制度比照國際標準。**美國教育週報**。

Aldridge, S., & Rowley, J. (1998). Measuring customer satisfaction in higher education. *Quality Assurance in Education, 6*(4), p197-204.

Al-Sheeb, B. A., Abdulwahed, M. S., & Hamouda, A. M. (2018). Impact of first-year seminar on student engagement, awareness, and general attitudes toward higher education. *Journal of Applied Research in Higher Education, 10*(1), 15-30.

Al-Sheeb, B., Hamouda, A. M., & Abdella, G. M. (2018). Investigating determinants of student satisfaction in the first year of college in a public university in the state of Qatar. *Education Research International, 1*, p1-14.

Astin, A. W. (1993). *What Matters in College? Four Critical Years Revisited.* Jossey-Bass.

Bean, J., & Bradley, R. (1986). Untangling the satisfaction performance relationship for college students. *Journal of Higher Education, 57*(4), 393-412.

Bryant, J., & Bodfish, S. (2014). *The relationship of student satisfaction to key indicators for colleges and universities.* 2014 National Research Report, Noel-Levitz, Inc., Cedar Rapids, IA, USA.

Cohen, J. (1988). *Statistical Power Analysis for the Behavioral Sciences* (2nd ed.). Routledge.

Council for the Advancement of Standards (CAS) in Higher Education. (1997). *The CAS book of professional standards for higher education.* ACT.

Crawford, L. A., & Olsen, D. (1998). A five-year study of junior faculty expectations about their work. *The Review of Higher Education, 22*(1), 39-54.

Dhaqane, M. K., & Afrah, N. A. (2016). Satisfaction of students and academic performance in Benadir university. *Journal of Education and Practice, 7*(24), 59-63.

Elliott, K. (2002). Key determinants of student satisfaction. *Journal of College Student Retention: Research, Theory and Practice, 4*(3), 271-279.

Elliott, K., & Healy, M. (2001). Key factors influencing student satisfaction related to recruitment and retention. *Journal of Marketing for Higher Education, 10*(4), 1-11.

Gerdes, H., & Mallinckrodt, B. (1994). Emotional, social, and academic adjustment of college students: A longitudinal study of retention [Electronic version]. *Journal of Counseling & Development, 72*(3), 281-288.

Guay, F., Ratelle, C. F., & Chanal, J. (2008). Optimal learning in optimal contexts: The role of self-determination in education. *Canadian Psychology, 49*(3), 233-240.

Hanssen, T.-E. S., & Solvoll, G. (2015). The importance of university facilities for student satisfaction at a Norwegian University. *Facilities*, 744-759.

Kirk, R. (1996). Practical significance: A concept whose time has come. *Educational and Psychological Measurement, 56*, 746-759.

Kirkpatrick, D. L., & Kirkpatrick, J. D. (2006). *Evaluating Training Programs: The Four Levels (3rd ed.).* Berrett-Koehler.

Kotler, P., & Keller, K. L. (2009) *Marketing Management (13th ed.).* Pearson Prentice Hall, 378-414.

Laird, T. F. N. (2005). Student experiences with information technology and their relationship to other aspects of student engagement. *Research in Higher education, 46*, 211-233.

Pascarella, E. .T., & Terenzini, P.T. (1991). *How College Affects Students.* Jossey-Bass.

Schertzer, C. B., & Schertzer, S. M. (2004). Student satisfaction and retention: a conceptual model. *Journal of Marketing for Higher Education, 14*(1), 79-91.

Schrader, P. G., & Brown, S. W. (2008). Evaluating the first year experience: students' knowledge, attitudes, and behaviors. *Journal of Advanced Academics, 19*(2), 310-343.

Stern, G. G. (1966). Myth and reality in the American college. *American Association of University Professors Bulletin, 52*, 408–414.

Styron Jr, R. (2010). Student satisfaction and persistence: factors vital to student retention. *Research in Higher Education Journal, 6*, 1-18.

Tinto, V. (1999). Taking retention seriously: Rethinking the first year of college. *NACADA Journal, 19*(2), 5-9.

Tough, A. (1982). *Some Major Reasons for Learning*. Eric Document Reproduction Service.

United Nations Educational, Scientific and Cultural Organization (1996). *Learning: The Treasure Within*. Author.

Upcraft, M. L., & Gardner, J. N. (1989). *The Freshman Year Experience: Helping Students Survive and Succeed in College*. Jossey-Bas.

Upcraft, M. L., Gardner, J. N., & Barefoot, B. O. (Eds.). (2005). *Challenging and Supporting the First-year Student: A Handbook for Improving the First Year of College*. Jossey-Bass.

Weinstein, C. E., & MacDonald, J. D. (1986). Why does a school psychologist need to know about learning strategies?. *Journal of School Psychology, 24*(3), 257-265.

大學生因應緊急遠距教學的學習評估與評價觀點分析：
以「化工質能均衡」課堂為例

國立中正大學教育學研究所博士生
戴弘鈞

壹、緒論

　　自 2020 年 1 月 30 日世界衛生組織宣布嚴重特殊傳染性肺炎（Coronavirus disease 2019, COVID-19）爆發，立即成為國際間共同關注的突發性公共衛生事件，並於 2020 年 3 月 11 日宣布為大流行病。2020 年初，臺灣面對全球 COVID-19 疫情，因良好的邊界管制與風險控管，使得 COVID-19 對本土的衝擊近乎為零，但誠如陳昭珍、徐芝君、洪嘉祈、胡衍南（2021）針對臺灣師範大學面對疫情關閉學校的調查指出，臺灣因疫情較全球相對緩和，因此尚未全面實施遠距教學，也顯現出大學數位化能力不足的問題。

　　而在 2021 年 5 月 15 日，臺灣本土疫情大爆發，並於當月 19 日升至三級警戒，因此也得面臨如同其他國家於 2020 年 COVID-19 大流行期間，各級教育機關遭遇的諸多考驗，例如：學校關閉（Donohue & Miller, 2020）與其對家長的衝擊與影響（Garbe et al., 2020）、師生面對遠距教學和數位化教學（Kaden, 2020; König et al., 2020）、學生就學議題與幸福

感、 福 祉（Azevedo et al., 2021; Hoffman & Miller, 2020）、學生心理健康（Garbe et al., 2020）等問題。各國高等教育在面對 COVID-19 大流行期間，於教學現場主要有三種反應模式（Hodges et al., 2020; Smalley, 2020）：維持課堂教學與保持社會疏離模式、創造混合式的學習模式（混成學習、限制校園學生人數）、轉型線上教學模式。

　　將一門傳統課程改變為線上教學課程，平均需要六到九個月左右（Hodges et al., 2020）。在多數情況中，實體教學過渡到混成學習、線上教學、翻轉課堂，皆是教師對於教學現場有仔細規劃與評估，此外，實體教學轉為線上教學相當需要人力、智慧、技術和時間，絕非教師個人可獨立作業，而是要有許多不同的教育專業人員或學校社群來支持整個學習過程，也是一個相當緩慢、且需要反覆調整的過程。

　　為因應 COVID-19 導致實體教學轉為數位化教學的過渡期，出現「緊急遠距教學」（Emergency remote teaching, ERT）（Hodges et al., 2020; Milman, 2020; Rapanta et al., & Koole, 2020）這個新概念名詞。如 Hodges 等人（2020）指出 ERT 與線上教學的主要區別是，線上教學是基於整體並有詳細的教學設計與規劃，並且對於整個學習者的支持生態系統進行投資，有足夠的時間積累，而 ERT 則是為了應對一場危機，需要暫時將原本的教學模式，轉變為替代的教學模式，該模式涉及使用完全遠距教學作為解決方案，或改以面對面實體教學、混成學習進行；ERT 教育現場著重面對一個「臨時」狀況，待公衛危機解除後，也會恢復到原本教學模式。

　　因 COVID-19 大流行，有意或無意地加速全球科技公司的進步，受益於疫情對於線上學習的需求，加速了各種科技創新。

高等教育課程與內容設計有深遠的影響（Phillips & Linstone, 2016），但線上學習卻因有科技的幫助，廣泛應用於各級教學單位與公私立部門；不僅適用於中小學、高中教育階段，也經常使用於高等教育階段，但這也引發批評，認為線上學習會削弱高等教育就業準備的畢業生之技能（Daniel, 2020）。高等教育是為了服務或注入創新動能，於特定職業、專業發展和研究，提供所需之技能和知識（Marginson, 2019）。因知識經濟的社會基礎，是建立具備靈活運用基礎知識的學生能有辨別問題所需要之相關知識與定義、重新配置任務，以及評估知識內涵的關鍵能力，以應對未來挑戰與需求（Green et al., 2009）；而提供未來就業準備的畢業生之知識生產量能，也是評估高等教育的重要指標（Alam, 2021）。換言之，高等教育重要功能之一是提供學生未來進入社會的經濟競爭能力，和發展其職涯的更多可能。

　　研究是高等教育的核心業務，通過教學和實踐過程，讓知識或技術產出，轉化為具有實際影響力的手段（Stauss et al., 2018）。當今對於高等教育的品質保證觀點，也已從投入的觀點轉向為關注產出的品質，藉以確保高等教育的核心業務，符合現代所需。以英國教學卓越架構（Teaching Excellence Framework, TEF）的評鑑指標為例，即以教學品質（Teaching Quality）、學習環境（Learning Environment）、學生學習成果及獲益（Student Outcomes and Learning Gain）為評鑑依據（Department for Business, Innovation and Skills）（BIS, 2016），英國政府使用其評估的目的共有四點：一是更清晰向學生表達學習的選擇權，二是提高教學活動的尊重，三是作為認證與獎勵優秀教學的指標，四是更好地回應現代社會的需求，即是基於「市場化與消費者選擇」的教育革新，重新定義高等教育機構對於教師個人專業

化的評鑑架構，重新分配教育經費與資源，希冀回應當今社會需求，並提供雇主更加明確、有效能的檢核需求，俾以評價畢業生所擁有的知識、技能和經驗是否符合目前就業場所需求，與協助學生檢視個人所投資的教育品質是否物有所值（楊瑩，2016；Schleicher, 2016）。

高等教育系統須清楚體認當前教育系統是需要調整與改變，以回應當下全球經濟與科技創新變革所帶來的快速發展與變化（Ralls et al., 2020）。2021 年 5 月臺灣高等教育首次正面迎戰本土疫情帶來的教學變革，本研究旨在討論此時期之大學生對於教學的評價，對於大學課程實施 ERT 前後的學習觀點，通過課程教學、學習機會、評量與回饋、學業支持四方面來比較 ERT 活動對於學生個人的學習獲益情況。以學生評價個人學習增益觀點進行分析，提供未來教育現場因應危機的參考策略。

本研究目的為瞭解大學生面對 ERT 時，在課程教學、學習機會、評量與回饋、學業支持等四個方面，對教學活動的學習獲益與評估，以作為未來轉型或因應趨勢的教學策略依據。換言之，本研究的主要研究問題為：大學生面對 ERT 活動的知覺、評估與學習獲益程度為何？

貳、文獻探討

一、學生學習獲益的理念與意涵

高等教育機構評估學習獲益（learning gain）的目的在於以學生的視角評估教學現場，為高等教育現場的教與學之持續進步提供穩定基石，以保證不斷提升學生個人能力與教師專業能力的品質（Cahill et al., 2010）。學習獲益的評估是根據學生的學

習歷程，或在兩個不同的時間點之間所展現出的知識、技能、能力內容方面，對比個人能力發展的差異（McGrath et al., 2015; Office for Students, 2018）。

對於學生個人的學習獲益，不單只是通過測驗反應課程的教學質量，或通過成績平均績點（Grade Point Average, GPA）來定義學生在校的學業成就表現，而是要基於當時高等教育機構提供知識的時效性，檢視與評估學生在這段學習歷程中，所發展的個人能力、知識、技能的獲益，以檢核高等教育教學與研究的品質，並提供未來就業人力市場需求之品質保證。

善用學習評估有助於教師瞭解教學現場實際狀況、精進自身專業，與保證教學現場的品質，教師可利用評估週期（assessment cycle）的概念，藉由四個步驟解構課堂：一是界定課堂學習成果為何、二是選用適當的方法蒐集和展現學生的學習成果資料、三是通過系統性的後設分析學習評估的結果、四是基於分析結果調整或改善課程（Suskie, 2018）。高等教育工作者需要瞭解自身教學的有效性，以及意識到學生會依據自己提供課堂中的教學，來評估個人的學習狀況（Polkinghorne et al., 2020）；但是學習評估會因為學群的不同，而使界定的方式有所差異。各國高等教育之所以重視「學習成果」與「學習獲益」，共有以下六點因素：國家對於高等教育的逐漸擴張、新型態的高等教育機構出現、高等教育和課程及學生的組成更加多元、國際教育的競爭與發展、注重國際排名與教育質量、強調績效和責任及品質的新形態高等教育治理模式（Tremblay et al., 2012）。

二、緊急遠距教學的理念與實務應用

緊急遠距教學是為了因應突發狀況，將原本教學模式轉變

成為線上授課，待緊急狀況結束過後便會回歸原本實體教學模式。在 COVID-19 大流行期間，多數國家教育機構皆面臨採用 ERT，學生抱怨教學過程不公平、較難獲得與實體上課同樣的教育資源，而教師則是抱怨實施 ERT 的教學環境（Affouneh et al., 2020），教師工作量也因此增加，並須克服學生表情互動、發言等欠缺反饋等問題；學生則必須面對必須在線上提問，或回應教學引導、澄清所帶來的情緒挑戰（Cernicova & Dragomir, 2021）。

學生最常選擇的 ERT 上課環境和參與方式，是在家中或宿舍使用個人筆記型電腦。假如 ERT 執行的合理（Shim & Lee 2020），會提供積極的學習特徵，例如：舒適的教學環境、流暢的互動、有效的時間利用等，但學生較常抱怨網路不穩定、單方向的互動模式、注意力容易不集中。Schlesselman（2020）指出，高品質的線上課程需要讓學生參與內容、促進協同合作和創建學習社群，而不是透過技術複製原本的面對面實體課程，意即在遠距教學時，關注的焦點仍應放在學習互動，也就是學習內容本身，而非只是將原先實體課程內容搬運到網路上。

Mseleku（2020）認為有效能的線上教學必須符合兩個要素：一是使用相對易於上手的技術，如易於訪問的作業、測驗、學習資源，使學生容易上傳和下載，且有具體且統一的格式方便繳交。二是簡化課程任務且有清晰流程，課程活動與學習評估是高度關聯性的，在進行 ERT 時任何缺乏「創造力」創新行動，只會造成更多混亂，並不會使教學或者課程變得更加清晰和易懂，反而無助於學習。

Buttler 等（2021）研究 ERT 的有效預測因素，分別為教師支持、教師關懷、學生對期末考試形式的滿意度、更加彈性輕鬆

的日程安排、課程質量、情緒回饋，以及足夠的技術資源支持和學生投入，並且提出以下五點 ERT 的實務操作建議：

1. 提供學生對於課堂學習所需之支持，例如回家作業、課堂筆記、隨堂測驗、即時反饋，以及提供能與學生隨時保持溝通的方式。

2. 教師須表達出關心，不論危機是新冠大流行，或者局部性的災害，學生們往往會因此感到害怕、不安，這必須要有老師或者學校行政端來輔導。

3. 注重期末考試、成績評估的參與模式，讓學生共同參與，確保其在評估當中有發言權。

4. 允許學生創建更加自由的課程安排，在遠距教學中，學生們也嘗試著將學業融入日常，這意味著會模糊平常固定的上課時段，取而代之的是更加彈性的學習時間；教師可通過調整同步與非同步課程時段，來使課程更加自由彈性。

5. 肯定行政支持人員與課程助教的幫助，ERT 的實施並非由教師個人獨立完成，需要助教、行政人員的協助，在這段時間每個人都承受比過往更多的工作量、壓力。

參、教學設計與研究方法

一、教學設計

本研究以中南部某國立大學工程領域「化工質能均衡」課程於 2021 年 5 月本土疫情爆發之際採用的教學因應措施進行問卷分析。該門課程為化學工程學系一年級三學分課程，學習目標是關注化學工程當中的基本概念，對材料和能量在化學工程系統過程中的應用，通過計算反應過程中的化學反應，奠定未來化學工

程相關課程與能力的基礎，是工程學門化學工程及製程學類的必修專業課程。

　　該門課程之教學活動共分為兩個階段：一是面對面實體授課階段，共計 13 週；二是緊急遠距授課階段，共計 5 週。在第一階段，教師採用自編多媒體教材、影音教材，以及即時反饋系統（如：Kahoot！）輔助來進行教學，即時反饋系統是以選擇題、是非題、開放式問題等問題進行，以整合主題單元並強化學生學習印象。即時反饋系統是與課程主題進行配合，基於教學活動使用的「提問法」、「發現法」、「討論法」、「總結法」作為設計即時反饋系統題目之準則，如 Wang（2015）指出，透過即時反饋系統以遊戲化來呈現課程的重要學習概念，有利於學生深化知識與評估個人學習狀況。在課程主題單元開始時，以「提問法」作為主要課程即時反饋系統題目設計依據，其目的是連結現有經驗引導學生參與課程主題討論，在單元課程進行當中，採用「發現法」的題型為重要學習概念闡釋，據以架構課程框架，達成建構學習鷹架的目的，強化學習經驗並貫穿課程學習經驗；而「討論法」與「總結法」的題型是基於演繹與歸納作為原則，依據當前課程進度與需求進行調整，課程中多半是涉及推理與計算內容所使用，如圖 1 說明。

提問法：引起學習動機
常見的方法：開放式、特定式、場景式、封閉式的提問方式，以參與學生有具體經驗為佳
* 即時反饋系統題型：開放式提問題

發現法：聚焦議題要點
以特定主題引導學生提出觀點與假設，以發現原理原則為主。
* 即時反饋系統題型：主題與議題觀點題

總結法：建構完整學習概念
可透過常規的要點整理單元之重要學習概念、公式、迷思。
* 即時反饋系統題型：要點公式題

討論法：澄清習概念
通過討論特定主題的討論，在問與答之間完成課程學習概念的澄清，以建立良好的學習鷹架。
* 即時反饋系統題型：特定迷思題

教學設計理念

圖 1　教學設計與即時反饋系統題型設計理念

第二階段為緊急遠距教學階段，本階段採非同步遠距離教學，通過預錄影片在原課程時段播放，錄製影片採用簡報與音檔呈現，並同時上傳至學校的數位學習平台、YouTube 平台。學生完成當週課程後，若有任何問題可通過校內數位學習平台、電子郵件聯繫教師或助教，而教學設計理念原則上與第一階段相同，只是本階段無法進行即時反饋系統的互動遊戲；學期開始時，課程教師與助教會將每次實體課程影音檔上傳至 YouTube 平台，供學生複習使用。課程的最終評估方式，仍以期末紙筆測驗進行，本課程時間軸如圖 2 所示。

圖 2　本研究時間軸

二、研究參與者

本研究以便利取樣進行，受測者為「化工質能均衡」課程之 60 位（含重修生）修課學生。研究者在徵得授課教師同意後，先與課堂助教說明相關知情同意書內容與需幫助的需求，再徵得學生同意後安排時間，由研究者親自至課堂向學生說明研究目的、動機、線上問卷的填答注意事項。

後由課堂助教協助發送電子郵件（含知情同意書、線上問卷連結），再由參與課程學生自行決定是否參加本研究，並強調本研究結果不列入該門課的最終成績考核，亦即無任何利益衝

突；前測問卷回收率為 100%（60 人，在發送線上問卷當天和隔天，即完成全部問卷的回收），而在 ERT 實施的後測部分，只有 65%（39 人，截止日期才達此標準）。

三、資料蒐集方式

本研究資料蒐集方式，以 Google 問卷調查參與學生對於 ERT 前後之學習獲益與學習評估觀點。個人評估整體課堂教學方面共四個面向，採用教學卓越架構評估標準量表，個人學習獲益方面共有八個面向採用學習獲益量表，如下說明：

（一） 學習獲益量表

本研究量表修改自（Vogt et al., 2005）「學生評估學習獲益之指標」，包括八分量表計 42 題項，各題以五點量表方式設計，填答學生依個人學習情形選填與之相符合程度，分數愈高表示符合填答者個人學習情形的程度愈高。以「課堂探究、知識、技能」、「課堂活動獲益」、「從測試、分組活動和作業中獲益」、「教學資源獲益」、「學習管道獲益」、「個人學習的支持」、「獲得技能獲益」、「認知和情感獲益」共八個面向，評估教學活動的學習獲益觀點。

（二） 教學卓越架構評估標準量表

本量表修改自教學卓越架構評估標準（Teaching excellence framework assessment criteria），共四個標準量表（Department for Education , 2017），包括四分量表計 14 題項，各題以五點量表方式設計，填答學生依個人評估情形選填與之相符合程度。共有「課程教學」、「學習機會」、「評量與回饋」、「學業支持」四個面向，來瞭解本課程大學生對於緊急遠距教學課程前後，對於整體課程的學習評估觀點。

肆、研究結果與討論

一、大學生評估個人學習質能均衡的狀況

在前後測問卷當中皆有一題項，用以學生評估個人學習狀況，共有五個等級：1. 我已經瞭解「質能均衡」的基本概念；2. 我能夠辨別不同「質能均衡」中概念的相關性；3. 我能夠建立「質能均衡」中的公式，與幾個想法的連接性；4. 我能連結不同公式與想法，解構「質能均衡」的問題（課本問題）；5. 我能提出「質能均衡」的問題，並且提出新的研究問題（實務問題）。

第一次調查時（期中考過後），個人評估（N = 60）為等級4和等級3分別為23.3%（14人）、56.7%（34人），共占比為70%，而等級2與等級1各自皆為10.0%（6人）。在第二次調查（期末考過後，實施 ERT 後）時，個人評估（N = 39）為等級4和等級3分別為48.7%（19人）、35.9%（14人），共占比為84.6%，而等級2與等級1各別為5.1%（2人）、7.7%（3人），只有1人認為達到等級5的水準（2.6%），詳見表1說明。

在變異數同質性檢定中，檢定統計量 f 值為 0.8623，p 值為 0.5996，未達 $\alpha = 0.05$ 的顯著水準，表示兩組樣本的變異數並無顯著差異，因此獨立樣本 t 檢定採用變異數相同的檢定統計量 t 值計算方式。在獨立樣本 t 檢定中，檢定統計量 t 值為 -2.19，p 值為 0.0308，達到 $\alpha = 0.05$ 的顯著水準，即表示學生個人在學期中和學期結束，對於課程學習的狀況有顯著差異。

但有意思的是，這樣的差異可能並非來自於 ERT 教學的實施，反倒是學生個人對於課程瞭解深化，因在後續表2、表3關於學習獲益與學生評價整體課程，是沒有任何項目有顯著差異。Jeffery 與 Bauer（2020）的研究指出，在 ERT 的課堂中，學生

表 1　參與課程的大學生評估個人目前的學習狀況（獨立 *t* 考驗）

項目	前測 *n* = 60		後測 *n* = 39		兩組 [a]	*t* 值
	平均數	標準差	平均數	標準差	平均差	
目前的學習狀況	2.93	0.86	3.33	0.93	0.04	−2.19*

註：a 兩組平均差＝前測平均數—後測平均數。
　　p < .05，**p* < .01，***p* < .001

不僅無法獲得「專業技能」，且無法提高理解水平，甚至沒有實際參與課堂的感覺。

慶幸在本土 COVID-19 爆發的背景下，參與本課程大學生未受到數位落差和情感影響，整體課程學習方面並無太大影響，也未如國外許多案例，因數位學習落差所導致的數位成本、疫情所帶來的個人經濟問題，與其他文化資本等問題，對個人未來生活與發展造成影響（Williamson et al., 2020）。

二、學習獲益觀點分析

表 2 中，呈現本課程的大學生在 ERT 前後之不同方面學習獲益觀點，但就整體層面討論，在變異數同質性檢定中，各項的機率值皆未達 *α* = 0.05 的顯著水準，表示其樣本的變異數並無顯著差異，後採用獨立樣本 *t* 檢定，採用變異數相同的檢定統計量 *t* 值計算方式。在獨立樣本 *t* 檢定中，同樣也未達 *α* = 0.05 的顯著水準，因此無法拒絕虛無假設，故表示前測與後測的平均數並沒有顯著差異，這意味著在「學習獲益」評估方面，在實施 ERT 前後幾乎不存在差異。

如 Warfvinge 等（2021）針對隆德大學工程學院進行研究，乃是通過課程體驗問卷（Course Experience Questionnaire）來評估影響學生學習的教學項目，而非針對評價學習成果。該研究指

出學生若是第一次接觸緊急遠距教學，對教學的評價並無出現重大的問題，本研究也呈現同樣結果。

即便本課程在 ERT 時採用的是非同步線上課程，而非同步進行的線上課程，但誠如 Nieuwoudt（2020）針對遠距學習的課堂出勤率對於學習成效的研究指出：學生出席課堂仍然重要，但是否參加同步線上課程，或觀看非同步的錄影課程，則不一定有區別，關鍵仍然是在於 —— 教師如何經營遠距線上課程的活動內容，藉以確保課程質量。

顯然的，在面對這樣的全球性緊急時刻，情感的需求與互動也會為其學業支持帶來影響，從「課堂活動獲益」方面的「教師課堂演講」與「課堂討論」的平均數稍微降低，約降低為 5.0% 和 6.2%，這方面對應於「學習管道獲益」的「與教師互動交流的質量」略有下降，可推知學生對於教師教學互動品質的依賴。

誠如 Wilcox 與 Vignat（2020）指出，無論採用同步或非同步教學，都需要提供學生與同儕、教師互動的機會；Shim 與 Lee（2020）的研究亦發現，學生和教授之間缺乏互動，會降低他們對 ERT 的滿意度，而且若是在缺乏互動的線上課程環境中學習，會使大多數參與學生更加喜歡實體課程（Baiet al., 2020）。

此外，若是大學生和教授之間有溝通困難，會導致學習成果較差（Mseleku, 2020）。故在採用 ERT 時，更應保持定期與學生同步互動與溝通，以利獲得最大化的學習成效（L. O'Keefe et al., 2020）。此外，學生個人的自我效能亦是決定線上教學體驗的成功重要因素（Albelbisi & Yusop, 2019）。順帶一提，本課程非實驗課程，不涉及複雜的實體操作或複雜的實驗過程，若是實驗課程可採線上同步直播，其效果最好（Davy & Quane, 2021）。

表 2 不同學習獲益於本課程之獲益狀況（獨立 t 考驗）

項目	題項 [a]	前測 $n = 60$		後測 $n = 39$		兩組 [c]	t 值
		平均數	標準差	平均數	標準差	平均差	
目前總體獲益	能夠更加關注「化工質量均衡」中所發生的問題	3.68	0.75	3.72	0.76	0.04	−0.26
	能夠更加關注「化工質量均衡」的知識	3.73	0.76	3.67	0.77	0.06	0.39
	能夠更加關注「化工質量均衡」的技能	3.75	0.73	3.74	0.75	0.01	0.01
	整體 [b]	3.72	0.69	3.71	0.71	0.01	0.06
課堂活動獲益	教師課堂演講	4.02	0.71	3.82	0.68	0.20	1.36
	課堂討論	3.25	1.01	3.05	0.89	0.20	1.02
	小組作業	2.93	0.85	2.90	0.94	0.03	0.19
	動手實作的課堂活動	2.97	0.85	3.03	0.87	0.06	−0.34
	了解為什麼要進行每個教學單元	3.76	0.75	3.92	0.66	0.16	−1.08
	團隊合作	2.85	0.87	3.00	0.95	0.15	−0.82
	整體 [b]	3.30	0.61	3.29	0.66	0.01	0.08
從測試、分組活動和作業中獲益	課堂中有能夠複習的機會	3.80	0.66	3.85	0.74	0.05	−0.34
	考試／作業的間距適當	3.85	0.64	3.85	0.71	0.00	0.01
	考試具備公平性	3.98	0.68	3.97	0.84	0.01	0.06
	測驗能夠具備鑑別度	3.73	0.85	3.64	0.84	0.09	0.50
	能夠收到教師的回饋	3.59	0.89	3.56	0.72	0.03	0.17
	能夠產生學習動機	3.66	0.76	3.77	0.84	0.11	−0.66
	整體 [b]	3.77	0.58	3.77	0.63	0.00	−0.05

項目	題項[a]	前測 $n = 60$		後測 $n = 39$		兩組[c] 平均差	t 值
		平均數	標準差	平均數	標準差		
教學資源獲益	本課程中所使用的教材	3.92	0.65	3.82	0.76	0.10	0.66
	考試	3.80	0.81	3.87	0.70	0.07	−0.48
	使用其他教科書	3.61	0.67	3.64	0.74	0.03	−0.21
	使用網絡資源學習	3.83	0.72	3.79	0.73	0.04	0.24
	整體[b]	3.79	0.62	3.78	0.63	0.01	0.05
學習管道獲益	每週的課堂活動	3.90	0.61	3.74	0.82	0.16	1.01
	了解單元各個部分之間是如何相互關聯	3.78	0.67	3.92	0.62	0.14	−1.06
	教師針對特定主題進行解說	3.92	0.65	4.00	0.65	0.08	−0.63
	使用評分系統適當	3.86	0.75	3.97	0.71	0.11	−0.72
	整體[b]	3.86	0.60	3.91	0.57	0.05	−0.38
個人學習者的支持中獲益	與教師互動交流的質量	3.63	0.76	3.51	0.88	0.12	0.68
	與助教互動交流的質量	3.54	0.80	3.64	0.74	0.10	−0.62
	與同學互動交流的質量	3.56	0.84	3.56	0.99	0.00	−0.03
	整體[b]	3.58	0.70	3.57	0.77	0.01	0.02
獲得技能獲益	解決問題能力	3.71	0.70	3.87	0.73	0.16	−1.09
	寫作論文能力	2.76	0.77	3.08	0.96	0.32	−1.79
	查找數據趨勢能力	3.73	0.72	3.82	0.76	0.09	−0.61
	閱讀專業文章能力	3.44	0.88	3.67	0.81	0.23	−1.29
	與他人有效合作能力	2.90	0.92	3.21	0.98	0.31	−1.57
	口頭報告能力	2.63	0.93	2.90	0.91	0.27	−1.42
	整體[b]	3.15	0.65	3.40	0.71	0.25	−1.78

項目	題項[a]	前測 $n = 60$		後測 $n = 39$		兩組[c]	t 值
		平均數	標準差	平均數	標準差	平均差	
認知和情感獲益	能夠理解主要概念的物理與化學意義	4.00	0.62	3.95	0.83	0.05	0.33
	能夠理解概念之間的關係	3.97	0.62	4.00	0.69	0.03	−0.25
	能夠理解與其他科學和數學的關係	3.95	0.60	4.03	0.74	0.08	−0.56
	能夠了解與現實問題的相關性	3.99	0.61	4.03	0.71	0.04	−0.23
	能夠了解化學性質	3.87	0.69	4.05	0.60	0.18	−1.33
	能夠欣賞化學方法	3.89	0.68	3.90	0.72	0.01	−0.03
	能夠思考問題或爭論的能力	3.90	0.64	3.95	0.76	0.05	−0.36
	能夠對化學能力的信心	3.71	0.83	3.74	0.79	0.03	−0.19
	能夠對複雜的想法感到自在	3.66	0.73	3.67	0.96	0.01	−0.03
	能夠對化學有熱情	3.51	0.80	3.67	0.87	0.16	−0.93
	整體[b]	3.86	0.55	3.91	0.65	0.05	−0.40

註：a 各項目的滿分為五點量表；b 整體分數為各個分項的得分加總平均數；
c 兩組平均差＝前測平均數 － 後測平均數。
$*p < .05$，$**p < .01$，$***p < .001$

三、大學生評價課程教學、學習機會、評量與回饋、學業支持之分析

　　表 3 呈現面對 ERT 前後「課程教學」、「學習機會」、「評量與回饋」、「學業支持」四個方面，前測平均數約落在 3.73 到 3.87 之間，後測為 3.75 到 3.85 之間，在變異數同質性檢定中，各項的機率值皆未達 $\alpha = 0.05$ 的顯著水準，表示其樣本的變異數並無顯著差異，故採用獨立樣本 t 檢定。在獨立樣本 t 檢定中，同樣也未達 $\alpha = 0.05$ 的顯著水準，因此無法拒絕虛無假設，表示前測與後測的平均數並沒有顯著差異，即意味著本課程實施 ERT，並不影響學生個人之學習評價。

　　在同樣的案例中，Jeffery 與 Bauer（2020）針對化學學門大學生面對 ERT 課程，其學習結果與傳統教學課程幾乎沒有變化，但因社會隔離政策緣故，使學生失去與同儕交流的機會。因為在實體課程中，較大的班級規模會降低同學的支持力度、學生準備程度與課程參與度（Bai & Chang, 2016）。而且在 ERT 活動當中，這樣的情況會被放大，即便現在高等教育因為學習技術變革與資訊獲取管道，使得大學生在課堂的出勤率與學習表現並沒有那麼相關，甚至可說是毫不重要（Büchele, 2021），但線上課程的互動品質與課程參與度，仍深遠地影響學習成效。

　　由於增加出勤率並不與學習成績相關，故更應該關注學生對於課程內容的參與度（Rodgers, 2002）。因科技學習技術與訊息技術的革命，大學生能夠輕鬆透過多元的線上學習平台，或是網路資源來獲取課堂教材、知識或相關內容，例如：YouTube、MOOCs、bilibili 等，甚至通過網路論壇（如 PTT、Dcard、小木蟲）來獲取知識，這使得如何辨別知識的正確性、有效性、應用性成為更重要的技能。

表 3　不同學習評價在本課程狀況（獨立 t 考驗）

項目	題項[a]	前測 $n = 60$		後測 $n = 39$		兩組[c]	t 值
		平均數	標準差	平均數	標準差	平均差	
課程教學	請問您同意老師善於課程當中解釋課程單元？	3.97	0.56	3.97	0.63	0.00	−0.07
	請問您同意老師讓課程變得很有趣？	3.73	0.74	3.72	0.65	0.01	0.07
	請問您同意本課程是能夠腦力激盪的？	3.66	0.78	3.79	0.57	0.13	−0.92
	請問您同意本課程要求完成我最好的作業表現？	3.61	0.64	3.54	0.55	0.07	0.57
	整體[b]	3.74	0.53	3.76	0.46	0.02	−0.14
學習機會	請問您同意本課程提供了我深入探索想法或概念的機會？	3.59	0.75	3.69	0.66	0.10	−0.68
	請問您同意本課程提供了我從不同主題蒐集資訊和想法的機會？	3.71	0.62	3.82	0.60	0.11	−0.86
	請問您同意本課程提供了我運用所學知識的機會？	3.83	0.75	3.74	0.72	0.09	0.57
	整體[b]	3.87	0.49	3.75	0.56	0.12	1.17
評量與回饋	請問您同意本課程中的評量或給分標準在事前已清楚說明？	4.36	0.61	4.18	0.68	0.18	1.34
	請問您同意本課程中的評量或給分是公平的？	4.10	0.71	3.95	0.79	0.15	0.99

項目	題項[a]	前測 $n = 60$		後測 $n = 39$		兩組[c]	t 值
		平均數	標準差	平均數	標準差	平均差	
評量與回饋	請問您同意本課程中的對於我的作業或表現的回饋是即時的？	3.78	0.74	3.64	0.63	0.14	0.96
	請問您同意本課程中我的作業或表現有獲得有助益的評價？	3.61	0.67	3.62	0.59	0.01	−0.04
	整體 b	3.83	0.59	3.85	0.53	0.02	−0.13
學業支持	請問您同意在課程中有需要時，我能立即聯繫到老師？	3.71	0.59	3.74	0.64	0.03	−0.25
	請問您同意我修習本課程時得到了足夠的建議與指導？	3.78	0.56	3.82	0.56	0.04	−0.35
	請問您同意在選期初，當我要作選課決定時，獲得了良好的建議？	3.71	0.77	3.72	0.60	0.01	−0.04
	整體 b	3.73	0.54	3.76	0.52	0.03	−0.24

註：a 各項目的滿分為五點量表；b 整體分數為各個分項的得分加總平均數；
　　c 兩組平均差＝前測平均數—後測平均數。
$*p < .05$，$**p < .01$，$***p < .001$

　　如 Jeffery 與 Bauer（2020）強調在任何教學環境（不論實體或遠距）中，認知處理的上限、社會動能、同儕互動、即時反饋與對話、動手實作，都對學習扮演著重要的地位；同時，ERT 的互動品質取決於教師個人能力和使用數位化的設備技術而有所差異（Shim & Lee, 2020）。特別要留意的是網路與技術障礙，實際上是普遍存在於教育現場（Gillis & Krull, 2020），數位落差或者技術障礙不僅會發生在學生，也會發生在教師。

伍、結論與建議

2021 年臺灣本土 COVID-19 的公衛危機,考驗高等教育機構克服突如其來的難題,所幸在本土疫情的公衛威脅趨緩後,相關的防疫管制鬆綁,學校教學也逐步回歸原本的模式。

對於臺灣本土教育現場而言,ERT 只是個過渡期,老師迫於時間壓力,必須在很短的時間內,將教學內容數位化與線上化,幾乎沒有任何的測試空間,因此往往較傾向使用已知的技術,或早已準備好的教學工具(Dill et al., 2020);大學生則較傾向面對面的學習,而非線上教學課程(Aguilera-Hermida, 2020)。Cavanaugh(2005)指出,線上教學比起實體課程需要更多的時間準備、修正和互動,以確保教學品質與學習成效。回顧疫情中的緊急遠距課程,相較傳統課程的精心設計,確實是顯得不足,且沒有任何的容錯空間,在危機結束後,這些經驗是否能夠融入教學實務現場,仍會是一個相當重要的研究主題。

本研究之 ERT 對比原先實體課程,是基於良好的課程設計與內容品質的前提下,其學習評估與學習評價在 ERT 的前後不存在差異;儘管在臺灣本土疫情爆發期間,大學機構中許多人都在努力適應線上教學或者居家辦公,不過顯然學生並沒有因為本土疫情爆發,而混淆整體學習的經驗——儘管當時的教學和學習條件並不盡理想。

值得一提的是,在這緊急與過渡期間,通過網路平台與科技技術分享教學經驗與解決方案,促使大學的校內外社群相互連結,甚至跨社群的為 ERT 的現場教學實踐做出貢獻,成為一個通過網路緊密連接的虛擬社區(virtual community)不僅為教學實踐提出可能的解方,也共同朝著成為實踐社區的方向發展(Wenger, 1998)。具體而言,依據調查對本課程因應疫情使用

ERT 的影響，提出以下兩點結論：

一、遠距教學的學習品質保證，是基於師生共同參與的前提，而此次因應疫情大流行期間的遠距教學經驗，可能啟發未來的教學策略。

二、注重發展教師專業學習社群，面對危機時刻有助於提出永續、可持續性的現場方案，像是從被動因應疫情，轉變成主動創新，或者數位化升級，但仍需要有專業學習社群的持續推進，以利新方案能夠落實於教學現場。

總而言之，採用更加系統化、深思熟慮的教學策略，來適應後疫情時代（post-pandemic era）的教學現場挑戰，可利用定期和可靠的數據蒐集，協助檢證課程品質。對於 ERT 之後的教學，本研究在課程教學、學習機會、評量與回饋、學業支持提出四點建議：一、善用多元的教材或者活潑的授課方式，創造讓學生參與課程的管道，以利課程教學的互動品質；二、拋出課程主題提供不同面向的問題與議題，以創造更多真實生活與課程的連結，增加學習動機；三、重視學生對於考試、評比的參與，以利學生更加參與學習內容；四、提供適合管道，如過往數位教材或影音、助教課、教師個人郵件指導，以利獲得更加充分的學習支持。

參考文獻

陳昭珍、徐芝君、洪嘉馡、胡衍南（2021）。COVID-19下臺師大的遠距教學經驗與省思。當代教育研究季刊，**29**（1），1-23。

侯永琪、王力冉（2016）。美國高等教育認可機構國際品質第二原則：品質與學生。評鑑雙月刊，**62**，28-31。

楊瑩（2016）。教學卓越架構（TEF）：英國大學教學評鑑之新制規劃。評鑑雙月刊，**62**，32-41。

Affouneh, S., Salha, S., & Khlaif, Z. N. (2020). Designing quality e-learning environments for emergency remote teaching in coronavirus crisis. *Interdisciplinary Journal of Virtual Learning in Medical Sciences, 11*(2), 135-137. https://doi.org/10.30476/IJVLMS.2020.86120.1033

Aguilera-Hermida, A. P. (2020). College students' use and acceptance of emergency online learning due to COVID-19. *International Journal of Educational Research Open, 1*, 10001. https://doi.org/10.1016/j.ijedro.2020.100011

Alam, G. M. (2021). Do Urbanized Socioeconomic Background or Education Programs Support Engineers for Further Advancement? *International Journal of Educational Reform, 30*(4) 344–360. https://doi.org/10.1177/1056787921998338

Albelbisi, N. A., & Yusop, F. D. (2019). Factors influencing learners' self–regulated learning skills in a massive open online course (MOOC) environment. *Turkish Online Journal of Distance Education, 20*(3), 1-16. https://doi.org/10.17718/tojde.598191

Azevedo, J. P., Hasan, A., Goldemberg, D., Geven, K., & Iqbal, S. A. (2021). Simulating the potential impacts of COVID-19 school closures on schooling and learning outcomes: A set of global estimates. *The World Bank Research Observer, 36*(1), 1-40. https://doi.org/10.1093/wbro/lkab003

Bai, X., Ola, A., Reese, S., Eyob, E., & Bazemore, S. (2020). A STUDY OF THE EFFECTIVENESS OF REMOTE INSTRUCTION FROM STUDENTS'PERSPECTIVES. *Issues in Information Systems, 21*(4). https://doi.org/10.48009 /4_iis_2020_143-155

Bai, Y., & Chang, T. S. (2016). Effects of class size and attendance policy on university classroom interaction in Taiwan. *Innovations in Education and Teaching International, 53*(3), 316-328. https://doi.org/10.1080/14703297.2014.997776

Büchele, S. (2021). Evaluating the link between attendance and performance in higher education: the role of classroom engagement dimensions. *Assessment & Evaluation in Higher Education, 46*(1), 132-150. https://doi.org/10.1080/02602938.2020.1754330

Buttler, T., George, D., & Bruggemann, K. (2021). Student input on the effectiveness of the shift to emergency remote teaching due to the COVID crisis: Structural equation modeling creates a more complete picture. *International Journal of Educational Research Open, 2*, 100036. https://doi.org/10.1016/j.ijedro.2021.100036

Cahill, J., Turner, J., & Barefoot, H. (2010). Enhancing the student learning experience: The perspective of academic staff. *Educational Research, 52*(3), 283-295. https://doi.org/10.1080/00131881.2010.504063

Cavanaugh, J. (2005). Teaching online-A time comparison. *Online Journal of Distance Learning Administration, 8*(1), 1-9.

Cox, T. D., & Lemon, M. A. (2016). A Curricular Intervention for Teaching and Learning: Measurement of Gains of First-Year College Student Learning. *Journal of the Scholarship of Teaching and Learning, 16*(3). https://doi.org/1-10. 10.14434/josotl.v16i3.19268

Daniel, J. (2020). Education and the COVID-19 pandemic. *Prospects, 49*(1), 91-96.

Davy, E. C., & Quane, S. L. (2021). Assessment of Technological Setup for Teaching Real-Time and Recorded Laboratories for Online Learning: Implications for the Return to In-Person Learning. *Journal of Chemical Education, 98*(7), 2221-2227. https://doi.org/10.1021/acs.jchemed.0c01457

Department for Education. (2017). Teaching Excellence and Student Outcomes Framework specification (pp.25-26). https://assets.publishing.service.gov.uk/government/uploads/system/uploads/attachment_data/file/658490/Teaching_Excellence_and_Student_Outcomes_Framework_Specification.pdf

Dill, E., Fischer, K., McMurtrie, B., & Supiano, B. (2020). As coronavirus spreads, the decision to move classes online is the first step. What comes next. *The Chronicle of Higher Education*. https://www. chronicle. com/ article/As-Coronavirus Spreads-the/248200.

Donohue, J. M., & Miller, E. (2020). COVID-19 and school closures. *Jama, 324*(9), 845-847. https://doi.org/10.1001/jama.2020.13092

Garbe, A., Ogurlu, U., Logan, N., & Cook, P. (2020). Parents' experiences with remote education during COVID-19 school closures. *American Journal of Qualitative Research, 4*(3), 45-65. https://doi.org/10.29333/ ajqr/8471

Gillis, A., & Krull, L. M. (2020). COVID-19 Remote Learning Transition in Spring 2020: Class Structures, Student Perceptions, and Inequality in College Courses. *Teaching Sociology, 48*(4), 283-299. https://doi. org/10.1177/0092055X2095426

Hodges, C., Moore, S., Lockee, B., Trust, T., & Bond, A. (2020). The difference between emergency remote teaching and online learning. http://hdl.handle. net/10919/104648 (2021/08/05)

Hoffman, J. A., & Miller, E. A. (2020). Addressing the consequences of school closure due to COVID 19 on children's physical and mental well being. *World Medical & Health Policy, 12*(3), 300-310. https://doi.org/10.1002/ wmh3.365

Jeffery, K. A., & Bauer, C. F. (2020). Students' responses to emergency remote online teaching reveal critical factors for all teaching. *Journal of Chemical Education, 97*(9), 2472-2485. https://doi.org/10.1021/acs.jchemed.0c00736

Kaden, U. (2020). COVID-19 school closure-related changes to the professional life of a K–12 teacher. *Education Sciences, 10*(6), 165. https://doi. org/10.3390/educsci10060165

König, J., Jäger-Biela, D. J., & Glutsch, N. (2020). Adapting to online teaching during COVID-19 school closure: teacher education and teacher competence effects among early career teachers in Germany. *European Journal of Teacher Education, 43*(4), 608-622. https://doi.org/10.1080/026 19768.2020.1809650

Marginson, S. (2019). Limitations of human capital theory. *Studies in Higher Education, 44*(2), 287-301. https://doi.org/10.1080/03075079.2017.1359823

McGrath, C. H., Guerin, B., Harte, E., Frearson, M., & Manville, C. (2015). Learning gain in higher education. *Santa Monica.* RAND Corporation.

Milman, N. B. (2020). This is emergency remote teaching, not just online teaching. *Education Week, 3.*

Mseleku, Z. (2020). A literature review of E-learning and E-teaching in the era of Covid-19 pandemic. *SAGE, 57*(52), 588-597.

Nieuwoudt, J. E. (2020). Investigating synchronous and asynchronous class attendance as predictors of academic success in online education. *Australasian Journal of Educational Technology, 36*(3), 15-25. https://doi.org/10.14742/ajet.5137

Office for Students. (2018). Learning gain. https://www.officeforstudents.org.uk/advice-and-guidance/teaching/learning-gain/

O'Keefe, L., Rafferty, J., Gunder, A., & Vignare, K. (2020). Delivering High-Quality Instruction Online in Response to COVID-19: Faculty Playbook. *Online Learning Consortium.* https://files.eric.ed.gov/fulltext/ED605351.pdf

Phillips, F., & Linstone, H. (2016). Key ideas from a 25-year collaboration at technological forecasting & social change. *Technological Forecasting and Social Change, 105*, 158-166. https://doi.org/10.1016/j.techfore.2016.01.007

Polkinghorne, M., Roushan, G., & Taylor, J. (2021). Seeking an educational Utopia: an alternative model for evaluating student Learning Gain. *Journal of Further and Higher Education, 45*(6), 857-869. https://doi.org/10.1080/0309877X.2020.1826035

Ralls, D., Bianchi, L., & Choudry, S. (2020). 'Across the Divide': Developing Professional Learning Ecosystems in STEM Education. *Research in Science Education, 50*(6), 2463-2481. https://doi.org/10.1007/s11165-018-9789-5

Rapanta, C., Botturi, L., Goodyear, P., Guàrdia, L., & Koole, M. (2020). Online university teaching during and after the Covid-19 crisis: Refocusing teacher presence and learning activity. *Postdigital Science and Education, 2*, 923-945. https://doi.org/10.1007/s42438-020-00155-y

Rodgers, J. R. (2002). Encouraging tutorial attendance at university did not improve performance. *Australian Economic Papers, 41*(3), 255-266. https://doi.org/10.1111/1467-8454.00163

Schlesselman, L. S. (2020). Perspective from a teaching and learning center during emergency remote teaching. *American Journal of Pharmaceutical Education, 84*(8). https://doi.org/10.5688/ajpe8142

Shim, T. E., & Lee, S. Y. (2020). College students' experience of emergency remote teaching due to COVID-19. *Children and Youth Services Review, 119*, 105578. https://doi.org/10.1016/j.childyouth.2020.105578

Smalley, A. (2020, July). Higher education responses to coronavirus (COVID-19). In *National Conference of State Legislatures, 6*, 15.

Stauss, K., Koh, E., & Collie, M. (2018). Comparing the effectiveness of an online human diversity course to face-to-face instruction. *Journal of Social Work Education, 54*(3), 492-505. https://doi.org/10.1080/10437797.2018.1 434432

Suskie, L. (2018). *Assessing Student Learning: A Common Sense Guide.* Anker Publishing.

Tremblay, K., Lalancette, D., & Roseveare, D. (2012). Assessment of Higher Education Learning Outcomes: Feasibility Study Report, Volume 1–Design and Implementation. *Paris, France: Organisation for Economic Co-operation and Development , 1.*

Turner, P. E., Johnston, E., Kebritchi, M., Evans, S., & Heflich, D. A. (2018). Influence of online computer games on the academic achievement of nontraditional undergraduate students. *Cogent Education, 5*(1), 1437671. https://doi.org/10.1080/2331186X.2018.1437671

Vogt, G., Atwong, C., & Fuller, J. (2005). Student assessment of learning gains (SALGains). *Business and Professional Communication, 68*(1), 36-43. https://doi.org/ 10.1177/1080569904273332

Wang, A. I. (2015). The wear out effect of a game-based student response system. *Computers & Education, 82*, 217-227. https://doi.org/10.1016/j.compedu.2014.11.004

Warfvinge, P., Löfgreen, J., Andersson, K., Roxå, T., & Åkerman, C. (2022). The rapid transition from campus to online teaching–how are students' perception of learning experiences affected?. *European Journal of Engineering Education, 47*(2), 211-229. https://doi.org/10.1080/03043797.2021.1942794

Wenger, E. (1998). *Communities of Practice: Learning, Meaning, and Identity.* Cambridge University Press.

Wilcox, B., & Vignal, M. (2020). Recommendations for emergency remote teaching based on the student experience. *The Physics Teacher, 58*(6), 374-375. https://doi.org/10.1119/10.0001828

Williamson, B., Eynon, R., & Potter, J. (2020). Pandemic politics, pedagogies and practices: Digital technologies and distance education during the coronavirus emergency. Learning, *Media and Technology, 45*(2), 107-114. https://doi.org/10.1080/17439884.2020.1761641

防疫，易？不易？
疫情時期國小校長工作壓力與適應歷程之紮根研究

新北市平溪區十分國民小學校長
利一奇

壹、緒論

一、研究動機

　　2020 年起新型冠狀病毒（SARS-CoV-2）疫情全球爆發，臺灣自同年 1 月 21 日開始進入漫長的 COVID-19 疫情時期，教育場域受到的衝擊尤為顯著，教學推展與防疫工作紊亂不堪，讓學校成員感到混亂與不安（黃巧吟、陳木金，2021）。學校屬封閉範圍，若不嚴加防範，進行相關防疫措施，將成為傳染病傳播中心，更會波及社會成為防疫破口（陳慧玲、黃煒翔，2020），因此在疫情時期的校長防疫經驗及其對學校整體影響，實有瞭解必要。此為研究動機之一。在此先說明，新冠疫情之涵蓋時間範圍，各學者定義不一，本研究所界定的疫情時期，是指 2021 年 5 月 19 日三級警戒開始至同年 9 月，各級學校於開學期間面對疫情的最嚴峻時期。

　　根據美國哥倫比亞廣播公司（CBS）報導，在疫情時期仍然持續上班的各行各業當中，因工作而承受壓力、陷入憂鬱狀況

者，老師的比例最高（世界日報，2021）。校長身為學校首席教師，受到各方面壓力相較一般教師更為嚴峻，加拿大教育相關研究機構調查顯示，疫情時期的校長職責不斷增多，學校運作及實施各項防護措施都令他們承受了前所未有的壓力，呼籲政府應給予更多支持（OMNITV, 2021），因此疫情時期校長的工作壓力感受實有瞭解之必要。此為研究動機之二。

歷經 2021 年 5 月到 9 月開學的疫情風暴，校長一方面要當學校師生榜樣，另一方面要穩住校內人心，解決突如其來的問題與挑戰，期間所面臨之壓力不言可喻。雖然 COVID-19 致死率不及 SARS 高，但傳染力相當高、傳染途徑多變，也使學校得隨時面臨因群聚感染而被迫停課的風險（卓宥騏，2021），因此疫情時期校長壓力因應與調適實有探討必要。此乃研究動機之三。

COVID-19 的疫情大流行造成多面向壓力，除了生理層面外，也包括心理層面的壓力，而引起如憂慮、焦慮、恐懼等連續的情緒歷程（Li et al., 2020）。本文研究者為現職國小校長，值此疫情時期，深刻感受到學校進行防疫工作時所面臨高壓與挑戰。當校長因壓力造成工作情緒低落時，又該如何維持工作熱情，帶領學校同仁持續堅守防疫崗位，實有探究之必要性。此為研究動機之四。

綜合上述，本研究企圖以國小校長為研究對象，瞭解疫情時期國小校長工作壓力與適應歷程，並根據研究結果提出相關結論與建議供後續研究參考。

二、研究目的

基於上述研究動機，本研究之目的如下：

（一）瞭解疫情時期國小校長防疫經驗及其對學校整體影響。

（二）瞭解疫情時期國小校長工作壓力感受。

（三）探討疫情時期國小校長壓力因應策略與適應歷程。

（四）探究疫情時期國小校長維繫工作熱情的支持系統。

貳、文獻探討

一、工作壓力

「壓力」是一種負面情緒，Robbins 與 Sanghi（2006）將壓力視為個體在面對充滿不確定的狀況下之動態情境，可能造成個人生理、心理失去平衡，而有不安的心理感受。若壓力在工作職場上發生，即為工作壓力。Wilson 與 Sheetz（2010）認為工作壓力為就業者在職場上帶來諸多負面效應，包含員工不滿意、疲憊感、情緒耗竭、工作倦怠、翹班和曠職；陳龍等人（2013）指出工作壓力是指工作情境中所有與工作有關之內外因素，對於個人造成身心負荷加重，並在個人主觀意識上造成生心理的負面感覺；陳玉惠（2022）指出新冠疫情對國小教師之工作壓力對自我效能、希望、樂觀、復原力等心理資本面向具有顯著負向的影響關係。本研究綜合上述觀點，定義工作壓力係指校長知覺工作環境或內在心理需求無法確定是否對自己有利狀況下，在採取因應策略互動歷程中，所引起焦慮、緊張、不安等生理或心理狀態現象。

二、適應歷程

從歷程觀點釋義「適應」，Arkoff（1968）認為，適應為個人與其環境交互作用的一種雙向、動態的歷程，個人行為會影響環境，同時環境也影響個人行為，亦是個人與環境互動時，發揮

個人能力以達到內在心理與外在環境和諧與平衡之歷程。Dawis 與 Lofquist（1984）的看法是，工作適應是一種持續、動態過程，在此過程中，工作者不斷尋求並完成、維持與工作環境的調和性。Hershenson（1981）指出，工作適應係指個人的能力與需求足以和工作環境作適當搭配，亦即個人自願配合工作的限制或要求，主動學習與培養能力及興趣，克服工作上的困難，並於工作中獲得成就與滿足，進而自我實現。本研究採綜合性觀點，將適應歷程定義為校長在學校內外場域與親師生互動中，遭受困擾或面對工作壓力時，採取各種策略以緩解或排除工作壓力帶來負面感受的歷程。

三、支持系統

支持系統觀念來自於「社會支持」概念，最早源自於七〇年代，Caplan、Cassel 與 Cobb 等人（Caplan, 1974; Cassel, 1974; Cobb, 1976）研究生活壓力對生理及心理健康所造成之影響，發現社會支持可以減緩生活壓力對生理、心理健康所造成的負面影響，以及增進生活適應（Gottlieb, 1983）。Sarason 等人（1978）指出社會支持是當個人在生活中面臨壓力時，會向其本身擁有的社會網路尋求支持，以減輕壓力所帶來的負面影響。綜上所述，本研究將支持系統定義為校長面對壓力情境之不同，會以動態方式汲取不同的社會網絡力量來面對工作中的挑戰，並維繫其在工作崗位上的熱情。

四、疫情期間校園工作壓力相關博碩士論文研究

以「疫情期間國小校長工作壓力與適應歷程」為題，查詢臺灣博碩士論文知識加值系統，並無直接相關之研究，僅就與本研究較相關的博碩士論文整理如下：

卓宥騏（2021）針對國民小學學校防疫人員面對新冠疫情壓力之研究指出，學校防疫人員的壓力包括：疾病未知壓力、防疫工作角色與工作壓力、害怕染病成為傳播者、身心壓力等；林幸屏（2022）從公幼的角度切入探討新冠疫情下教師工作壓力與情緒管理，發現雖然公立幼兒園教師有著良好的情緒管理能力，但整體工作壓力對於健康狀況以及與家長溝通部分影響最大；陳玉惠（2022）從新冠疫情下國小教師之工作壓力、心理資本、工作不安全感與憂鬱情緒之關係切入，發現疫情對國小教師造成之工作壓力，對心理資本具有顯著負向的影響關係；黃怡華（2023）從新冠疫情下新北市國小高年級導師工作壓力與因應的角度，指出國小高年級導師在疫情期間的工作壓力來自於取得教學資源的壓力、須改變原有工作的壓力、新增防疫工作的壓力、因疫情不確定帶來個人生活變動的壓力、疫情期間情緒變化的壓力，以及教育系統間合作的壓力等六項。

綜合上述，透過對於工作壓力、適應歷程及支持系統之相關研究進行分析後，將有助進一步了解疫情時期國小校長所面臨工作壓力與適應歷程，以及恢復其工作熱情的支持系統。

參、研究方法

本研究採用紮根理論研究法，探討疫情時期國小校長面臨工作壓力與適應歷程，藉由文件分析及半結構式訪談（semi-structured interviews），採取立意取樣進行深度訪談，根據訪談實際情況，對訪談問題及內容進行調整，以獲得豐富資料（潘淑滿，2003）。

一、選擇受訪者

　　本研究之目的並非建立廣泛推論，而是深入了解受訪者在現場的工作壓力及適應歷程，研究者以立意抽樣訪談新北市現職國小校長，年資為兩至十年。受訪者共計六人，女性兩位，男性四位，其中五位研究者已婚，年齡分布在 44 歲至 58 歲，碩士四人、博士（含博士候選人、博士生）兩人。年資僅計算擔任校長年資，不包含擔任其他行政職或留職停薪進修時間。六位受訪者的基本背景資料如表 1。

表 1　受訪者基本資料背景表

代號	現職	服務縣市	年齡	婚姻狀況	校長年資	學校規模	最高學歷
A	校長	新北市	52	已婚	10	一般都會型學校（73 班）	博士
B	校長	新北市	56	已婚	4	非山非市型學校（6 班）	博士生
C	校長	新北市	51	未婚	4	偏遠學校（6 班）	碩士
D	校長	新北市	44	已婚	5	一般都會型學校（18 班）	博士候選人
E	校長	新北市	55	已婚	5	偏遠學校（6 班）	碩士
F	校長	新北市	58	已婚	4	非山非市型學校（6 班）	碩士

註：研究者自行整理

二、研究工具

（一）研究者

由於研究者為國小現任校長，清楚國小校長工作內涵以及疫情時期學校防疫工作的困難，故能在訪談中自然回應受訪者，亦能對受訪者的分享感同深受，理解其因應疫情採取之策略，不致因為專有名詞隔閡而中斷訪談。

（二）研究同意書

為顧及研究倫理，研究前皆會發放研究同意書，向受訪者告知研究者身分，並向其說明研究主旨及進行方式等，同時附上訪談大綱，確認受訪者了解各項內涵並同意參與研究後，再進行實地訪談。

（三）訪談大綱

本研究為了使受訪者能自由地闡述其經驗，採半結構式（semi-structural）訪談大綱進行訪談。訪談大綱由研究者參閱相關文獻後，根據所欲探討主題初步擬定，即探討疫情時期國小校長之工作壓力感受、調適歷程及支持系統。大綱內容主要包含受訪者教育背景、疫情時期校長防疫經驗及其對學校整體影響、疫情時期個人對於校長職務的工作壓力感受因應與調適、面對疫情造成工作壓力校長該如何維持工作熱情等四部分。

（四）訪談備忘錄（memos）

研究過程中，研究者使用手機軟體錄下訪談內容，同時運用訪談備忘錄寫下與受訪者接觸摘要，記錄與研究項目相關過程、思想、感受、分析見解、決策和想法（Glaser, 1987）。訪談備忘錄主要是幫助研究者記錄訪談過程中的觀察、反思，也可幫助研究者增進訪談技巧，以彈性修正訪談問題，使訪談過程更加順

利並靠近研究核心。

（五）效度檢核函

本研究效度檢核函共分兩部分，第一部分檢核逐字稿：請受訪者評估逐字稿內容與其所述事實相符合程度之百分比；第二部分檢核研究資料：請受訪者評估內容與其主觀經驗符合程度，並邀請受訪者寫下訪談感想。目的在於了解訪談紀錄是否符合受訪當下主觀經驗程度，並作為後續資料分析參考。

三、研究實施程序

（一）邀請受訪者

研究者以立意抽樣找尋受訪者，再以電話、LINE 通訊軟體主動聯繫，同時發放研究同意書，以口頭及正式書面說明研究目的與進行方式，讓受訪者了解其權利及隱私保障，並取得正式參與同意。

（二）進行訪談

研究者在訪談過程中，儘可能放下所有假設及既有印象，且在正式訪談開始前再次說明研究目的，並詳細說明錄音目的及使用方法，同時告知以匿名方式處理訪談資料，經六位受訪者同意後始全程錄音進行訪談。訪談時間為 2021 年 10 至 11 月間，每次訪談時間約 30 至 50 分鐘，地點在各校校長室。研究者以訪談大綱作為訪談內容之指引，透過開放式問句探索受訪者想法與感受，觀察其呈現之非語言訊息，傾聽受訪者對其經驗之敘述，並在適當時表達同理及澄清，順著訪談脈絡進行探問，俾利深入理解受訪者經驗。

（三）資料謄寫與整理

研究者於訪談過程中撰寫訪談備忘錄，記錄與受訪者互動細

節與感受，形成對受訪者之印象與理解。續將訪談內容謄寫為逐字稿，反覆聽取錄音檔確認逐字稿內容之正確性。完成訪談逐字稿後，連同逐字稿檢核函一併寄達受訪者，請其檢視逐字稿內容是否符合其想法感受。

四、紮根理論編碼與分析

本研究依據紮根理論進行資料編碼與分析。紮根理論研究設計是由社會學家 Barney Glaser 與 Anselm Strauss 共同創立，目的在於讓研究者透過受訪者蒐集資料，以此作為根基，從中尋找資訊範疇之間的相互關聯，進而產生理論，來解釋行動、互動或過程（Creswell, 2013）。

紮根理論有其系統化蒐集分析資料程序（Strauss & Corbin, 1990, 1998），在整個研究過程中，研究者須對觀察或訪談資料深度思考，並將蒐集的資料和分析過程中浮現範疇進行持續比較（constant comparison），以發展出一套理論模式。本研究參採 Strauss 與 Corbin（1990）系統化取徑方式進行，分析資料程序包括開放式編碼（open coding）、主軸編碼（axial coding）和選擇編碼（selective coding）等過程，具體步驟如下：

（一）逐字稿謄寫及檢核

研究者將訪談錄音內容依序編碼對話謄寫為逐字稿，並記載訪談過程中重要的非口語訊息。

（二）由逐字稿分辨與研究主題相關之資料並斷句

以開放態度將逐字稿中與研究主題相關資料去蕪存菁，進行逐句、逐段分析，將逐字稿中可以表達一個完整想法、行動或事件意義的段落予以斷句，並使具有獨立意義字句與段落分開。

本研究逐字稿呈現編號，R 代表研究者，A 至 F 英文編號代

表受訪者，編號後數字代表對話意義段編號，並依據受訪者回覆內容，細分意義段落。例如：A10-1 代表受訪者 A，逐字稿第 10 段，第 1 意義段；逐字稿（）之內文為補足受訪者的非語言訊息，或作為補充說明。

（三）開放編碼（open coding）

在訪談逐字稿中找尋主要範疇（category），根據前後文脈絡不斷比較，將資料分解、檢視、比較、概念化（conceptualizing），再加以分析和標示代表資料的概念，藉以發展理論模型。

（四）主軸編碼（axial coding）

將開放編碼中內容意義單元相近編碼，藉由歸納或演繹方式找出主軸概念，再重新整合範疇（category）與次範疇（sub-category），在維持受訪者原意的前提下，透過主軸編碼具體摘要其敘述，儘量以貼切文字為其命名，增加概念之間關聯性，找出導致核心現象產生的因果條件、針對核心現象採取因應行動策略或是採用策略的結果。

（五）選擇性編碼（selective coding）並發展核心主題

從內容群聚後的命名尋找相關範疇，以其共通本質確立核心主題給予命名。主要目的在於統整訪談中所得訊息，以便萃取出解釋疫情時期國小校長工作壓力與調適歷程的成功因素。

五、資料可信賴度

透過反覆來回過程不斷檢視分析譯碼資料，以提高資料分析可信度與可靠性，同時也建立研究資料的嚴謹程度（Corbin & Strauss, 2008）。就信度方面，訪問全程錄音並謄寫逐字稿；針對研究者的角色及訪談焦點，時時進行反省與反思，並在分析過

程中反覆聆聽錄音檔及閱讀逐字稿，確保受訪者想表達的感受，同時參照訪談備忘錄以喚起當日訪談之深刻印象；訪談過程中隨時向受訪者確認研究者所聽到內容是否符合原意；訪談結束後立即進行資料分析以保留訪談時感受；完成編碼後，研究者每隔一段時間檢視編碼內容，並與同儕、本研究指導教授就編碼內容進行討論，確保資料分析的適切性。

就效度方面，研究者將訪談逐字稿及效度檢核表寄回給受訪者，請其就資料內容或實際經驗符合程度予以評分，以了解資料可靠性和可驗證性。本研究六位受訪者對於逐字稿呈現內容與實際經驗符合程度均達 95% 以上，可驗證性高，亦邀請受訪者看完資料後書寫感想。

六、研究倫理

訪談進行前，請受訪者簽署訪談同意書，告知相關研究倫理；並遵守訪談保密原則，以代號方式保密受訪者身分；另也符合知情同意原則，受訪者同意現場錄音，可隨時停止，研究者於受訪後依據錄音內容撰寫逐字稿；最後，基於獲知結果原則，當逐字稿謄寫完成後，請受訪者檢核是否有曲解其訪談或不適宜之處，以確保其可信賴度（鈕文英，2020）。

肆、研究結果與討論

本研究以受訪者訪談資料內容為依據，經紮根理論階段編碼分析不斷比較（constant comparison），並請受訪者確認研究結果（member checking）與既有文獻進行對照，進一步對研究結果加以驗證與討論（Corbin & Strauss, 2008; Dunne, 2011）。

一、疫情時期國小校長防疫經驗及其對學校整體影響

（一）疫情時期學校防疫作為

　　學校是教育活動的重要場域，因此疫情時期學校如何復學與重啟成為世界各國關切的重大政策，其主要包括強化門禁管理、降低防疫風險、維護清潔衛生、保持社交距離、防疫空間規劃、調整學期行事、實施遠距學習、鼓勵戶外學習等措施，以確保校園安全（湯志民，2021）。本研究之六位受訪校長在疫情時期，學校進行防疫工作時均配合上級政策「以最審慎、最謹慎的態度，以沒有最好、只有更好這個原則，以最謹慎態度來進行各項防疫工作（C1）」、召開相關會議及落實處室分工「……第一個部分就是我們固定性的防疫會議一定是都會固定召開。成立防疫小組，全校動起來（A10-1）」、建立相關規範並透過多元管道進行宣導規劃「……依據教育局規定，訂定一大堆防疫規則，會藉由學校 LINE 推播系統推播給所有家長還有教師知道，以及配合（D1-1）（E1）」、落實防疫空間並進行相關人員器材空間調度，隨時滾動修正「疑似就是說他可能有發燒，那我們有一個隔離的教室（A12-1）……還有就是請志工配合人力，減少老師負擔（B4-2）」、尋求外界奧援統籌校內外物資分配及物資補給「口罩，其實是很難在市面上買到，於是我們透過關係，直接跟工廠直接購買（B4-5、B4-6）」、以學校現有的線上教學基礎提前進行演練「在一開始疫情沒有嚴重的時候，○○國小就進行相關線上教學專業的提升，那學生也進行過很多線上教學練習（C2-2）」，以降低染疫風險，確保校園安全。受訪者皆以市府政策為最高指導原則，全力進行相關防疫人力物力調配。

（二）疫情時期學校防疫困難點

卓宥騏（2021）指出學校防疫執行上困境，包括防疫物資匱乏、政策異動頻繁、學校處理相關經驗不足、親師生配合度不高等現象。本研究中，雖然疫情時期校長全力配合上級政策，但也因上級指示搖擺導致產生不確定感「……大家都處在那種忐忑不安，然後就不知道這個（疫情）到底是一下子就會結束？這種不安是很強的（C3-1）」、確診個案訊息不明確「……附近疑似有一所學校因為疫情停課。如何緊急去做通知跟聯繫是我們面臨到一個比較大的影響（B2）（D5）」、防疫初期物資取得不易「在防疫工作最大的困難是（防疫）初期。資訊設備不夠，這也是最需要克服的一環（B4-1）（B4-19）」、相關配套不足「我們學校空間不足，要安排等候隔離區對學校來講是非常非常大的困擾（F2-1）」、防疫共識取得不易「我想困難最重要的地方來自於大家對防疫的觀念不同，這個是比較難的地方（D2）」、親師生配合度不高「……行政同仁認為已經五點半，怎麼會是我來處理？但是，教師就會認為說，那就是學校行政單位要處理（D4）」教師線上教學專業度有待提升「……沒一定規範來規範老師進行課程與教學，那時候就很亂啊……（A16-1）」等問題，導致在防疫工作推動時產生困難。以上可知，面對防疫初期上級指令不明確以及配套不足，凸顯校長在防疫時期忙碌與茫然中的失措與孤立。

（三）疫情壓力造成學校影響

自疫情爆發以來，各校面對重大變化，危機、不安、未知、恐懼，造成學校利害關係人意見紛歧，也對學校產生正反面影響（黃巧吟、陳木金，2021）。本研究發現，疫情所造成之壓力對學校的正向影響有：親師生資訊能力提升、線上教學與學習成為

師生必備能力「……正向的部分就是，突然一夕之間，所有人資訊能力都變得很強（A18-1）」、親子互動時間增加「……很多媽媽是家庭主婦，可能跟接觸孩子的時間又更多（C4-2）」、增進家長對學校信任與了解「……家長呢，更加的信任學校，甚至會幫我們來做行銷（F3-1）」、學校團隊凝聚力提升「……同仁之間那種互相合作、互相幫助，同心協力、全校一體的精神就更凝聚更明顯（C4-1）」；相對的，一些負向的影響也隨之而生，如：親子因相處時間長而產生摩擦「親子相處時間一下子變成太多，親子之間相處衝突摩擦，很自然就是增加（C5-3）」、教學與學習穩定度降低「……尤其線上學習，落了很多的教材跟學習的學習資料（B4-18）」、教職員工作負擔增加「……增加老師很多工作上的負擔。畢竟老師以前都習慣這種實體上課嘛……（C5-1）」、共識取得過程中的情感撕裂「……家長與老師在取得共識上，其實會有一些爭論跟撕裂（D3）」、親師生缺乏實體互動而產生的疏離與焦慮「會有一個恐慌跟恐懼，就是「分離焦慮」（研究者與受訪者異口同聲）的狀況（A18-1）」。此部分與謝金城與邱萍芳（2020）對新型冠狀病毒之防疫教育的研究中所提出學校防疫作為需有完整規劃，親師生全體總動員通力合作，才能有效降低疫情影響之觀點一致。

綜合上述研究結果，雖然各學校的防疫過程均依市府所規範政策進行，但因政策搖擺不定、相關配套措施不足，導致衍伸出校內外問題與危機，以及對學校內的影響，都需要校長們花許多精力去解決，壓力負擔因此倍增。

二、疫情時期國小校長工作壓力感受

Wilson 與 Sheetz（2010）認為工作壓力為就業者在職場上帶來諸多負面效應，包含員工不滿意、疲憊感、情緒耗竭、工作倦怠、翹班和曠職。陳龍等人（2013）指出工作壓力指的是工作情境中所有與工作有關之內外因素，對於個人造成身心負荷加重，並在個人主觀意識上造成生心理的負面感覺。分析受訪者訪談記錄發現，對疫情未知「可是在這件事情，目前為止還沒有看到盡頭，不確定因素太大了……（A61-1）」、師生健康狀況資訊不明確「因為疫情那時候，尤其開始的時候不知道何時能結束，第一個就是擔心老師、學生的健康（B7-1）（C6-1）」，以致校長必須在種種未知情形下思考如何依照學校現況彈性調整「……就是你這道命令下來，並不是 for 每一個學校狀況，所以你就是要去思考，如何做對應及彈性調整（A71-1）」。究其根源，對於「疫情的不確定感」其實是造成校長工作壓力的關鍵根源「R：接受上級或是內外界各方面訊息時，有很多是你不確定，這也是很大的擔心來源？」「E：對（B7）（E5）（F4）」。此項發現也與 Robbins 與 Sanghi（2006）將壓力視為個體在面對充滿不確定性狀況下的一種動態情境觀點一致。因此，校長們若能在面臨疫情所導致的壓力時，依據個人不同特質進行有效因應與調適，將更有助於校務推動。

三、疫情時期國小校長壓力因應策略與適應歷程

（一）疫情時期校長壓力因應調適

校長要處理的問題往往具備「人多、事雜、速度快」的特點，但又必須兼顧「事情要完成」、「原則要把握」。面對疫情瞬息萬變，在在考驗校長智慧（陳木金，2005）。Wang 等人（2020）

表示面對壓力時應接受壓力事件已經發生的事實，正向因應採取行動、避免及移除壓力源、積極營造最佳情境、看待事情光明面。研究者分析六位受訪者的訪談資料，歸納出「按部就班型」、「樂天知命型」以及「善用資源型」三種校長壓力因應調適類型：

1. 按部就班型：A 校長與 C 校長

A 校長具有衛教專業背景，擅長以醫學步驟、科學方法，按部就班完成每一項工作，面對疫情變化與不確定，有著敏銳觀察力來預作相關準備，具有「敏銳觀察、謀定後動」人格特色，會透過運動與做其他事情來分散自己注意力「所以當我透過運動去增加內分泌（腦內啡）的時候，相對我的壓力就減少了（A28-1）」，所以防疫工作對其個人生活的情緒影響不大。在工作方面，則是透過分層負責、充分授權方式調節自身壓力「……我們都是按部就班、充分授權、分工合作處理，學校經營就會比較順遂（A40-1）」；參酌他校做法等正向作為加以因應「這個一開始你不要做反應或做決定，我通常會去問一下我們這一區其他校長，或是他們的團隊（A67-1）」；並表示要正向思考，聆聽、同理他人「……遇到人的情緒，先聆聽，先去同理對方。自己可能有些情緒的部分，就是在當下不要直接去回應（A32-1）」，以調整自我情緒。

C 校長 2020 年起在該校任職。對於防疫工作，他秉持沒有最好、只有更好的嚴謹態度，隨時傾聽全校同仁意見，順應學校文化，迎接疫情變化，具有「共同演化、包容傾聽」特點。在疫情壓力因應與調適上，除了按部就班防疫外，採用包容同理、接納親師生情緒反應「……校長（一職），我覺得其實最後、最主要的工作，就是保持包容開放、接納和聆聽情緒的反應（C7-2、C7-3）」，參酌他校經驗，與校內同仁一起度過；在個人壓力

的抒解上，從校長同儕、他人成功經驗找解方「……我們引進別校或是他人曾實施過後或是面對過的一些解決問題的方法（C7-3）」；並以個人有興趣事務轉移注意力「最常做就是跑步，或是仰臥起坐、伏地挺身轉移注意（C9）」。

2. 善用資源型：B 校長與 D 校長

B 校長個性樸實，社區關係良好，擅長「亂中求序、善用人脈」。面對疫情變化與不確定，雖然千頭萬緒，但能夠妥善運用其人際關係尋求外界支援，解決學校困境。面對疫情壓力因應與調適時，努力做好自我要求，並找尋自己喜歡事物「在心理上跟情緒上，其實用這種模式（開心農場）來調適。（B8-1）（B8-2）」轉移注意力。

D 校長任職的學校，家長社經地位普遍較高，學校雙語及科技課程深受肯定。「勇於創新、化危轉機」是其特長，對於防疫工作推動，他主張創新科技防疫理念，引進現代化科技設備。面對鄰近學校確診案例出現，以及家長與教師對於疫情的關心時，皆秉持良善溝通精神，善用群體力量化解危機。對於疫情壓力因應與調適，則是透過找到自己有興趣的事物舒緩壓力「找到自己有興趣的東西，然後去做一個讓自己不要有那麼多壓力的活動，會相對調適自己的壓力跟情緒（D8）」，以輕鬆的心情面對防疫挑戰。

3. 樂天知命型：E 校長與 F 校長

E 校長任職的學校環境優美，他主張學會和環境、他人、自己和平共處，「師法自然、寄情山水」是其人格特色。對於這次疫情，覺得可藉此獲得多一點沉靜來思考教育走向「大家彼此沉靜下來，去思索教育現場當中還可以怎麼做的方式（E3-3）」；認為面對疫情，校長需要面不改色、穩定軍心「其實校長要儘量

設法，能夠是泰山崩於前面不改色啦（E6）」；透過線上會議掌握親師生需求，鼓勵自己與同仁向山水自然學習「上班跟自然學習，反而是在工作之間的舒緩。儘管停課期間，還是每天會開線上會議，掌握師生需求（E6）」。

F校長樂觀開朗，充滿行動力，「活在當下、樂觀認真」是他的工作態度。當研究者進入學校訪談時，學校正在進行結構補強工程，面對疫情與工程的雙重壓力，他評估當下學校條件與環境，以工程提早開工、減少疫情時期實體到校時間、進行爬山運動等作為「……我們六月分工程就提早開工，……等開工穩定後，校長就儘量減少到校，也趁這個機會爬山讓自己的心情舒緩（F5）」來舒緩壓力。

綜合上述研究結果分析，無論是在工作環境影響或上級壓力，六位受訪者共同遭遇過一些辛苦與困難。而在開始構思本研究主題階段，研究者本人也正處於衝突與調適中，原以為自己是特殊案例，在訪談過程中才發現即便是有經驗的前輩校長，過程中也曾有過不足為外人道的時刻。但他們不僅沒有放棄，反而依據每個人不同特質，從打擊中淬煉出更堅毅的力量，如同黃巧吟與陳木金（2021）所指，身為校長面對後疫情時代來臨，更應具備敏銳觀察、亂中求序、共同演化、勇於創新、師法自然、活在當下等領導新思維，找出克服壓力與困難的解方。

（二）疫情時期校長自我滿意程度

Lofquist（1984）與Hershenson（1981）主張當環境影響工作者的行為時，工作者配合工作之限制或要求，將主動學習與培養能力及興趣，克服工作上之困難，並於工作中獲得成就與滿足。本研究結果發現，疫情時期面對工作上壓力時，校長覺得在執行市府政策的配合度「……完全吻合市府防疫規定，因為我們

預先就做好了防疫的準備（F6-1）」、行政團隊及親師生的配合度「我們團隊我給他們一百分……親師生都會配合我們學校的這樣的一個政策（B8-3）」、教師線上教學執行力提升「在今年五月中開始停課以後，老師教學上都能進行這所謂的同步線上教學（C2-2）」、危機處理能力「目前學校都沒有發生比較意外的事情，也沒有任何孩子染疫（D10-2）」、家長對學校的信賴度「……家長更加信任學校，甚至會幫我們來做行銷（F3-1）」等覺得滿意；但對於疫情初期相關軟硬體資源挹注「不滿意的地方，應該講是我比較困惑的地方，還是錢跟物資的問題吧（A40-1、A42-1、A44-1）」、覺得可以再加快線上教學的推動腳步「線上教學，開始有稍微慢了一點點（C10）」。

四、疫情時期國小校長維繫工作熱情的支持系統

歸納本研究資料分析結果，發現校長要維持工作熱情亦需要良好的支持系統，以下分成內部歸因、外部歸因加以說明：

（一）內部歸因

Sarason 等人（1978）指出當個人在生活中面臨壓力時，會向本身所擁有的社會網路中尋求支持。校長可以學生為中心，反思自己教育初衷、教育圖像，「大家在面對壓力時候，就是去回想一個讓你感動的教育圖像。你就會能夠再燃起這種動力跟熱情，繼續往前進（C12、D11、B11-4）」。此外，在面對問題時，可對外尋求資源與支援，並運用時間進行專業成長進修，適時給予自己幸福空間與時間「……每天幸福的小時光會持續讓你有工作上的動力，更加蓄積能量（E11）」。而適度運動能降低壓力造成生心理之負面影響「最常做就是跑步，或一些體適能的一些簡單的、能夠做的運動（A65-1、C8、C9）」，藉此提升正向力

量，找到屬於自己工作上成就感。

（二）外部歸因

Gottlieb（1983）亦指出社會支持可以減緩生活壓力對生理、心理健康所造成負面影響，增進生活適應。研究發現籌組具有共識之防疫團隊並給予充分授權與信任的重要性「*其實要有工作夥伴，跟彼此信任的 team 在一起的感覺很棒的（E11）*」；對於同仁與自己切勿要求凡事 100 分「*要想如何化阻力為助力，凡事不要要求 100 分（F7）*」；並在行政教學間建立溝通管道相互配合、多傾聽，明確並儘量滿足老師需求「*……要多想想同事需求，多傾聽、明確老師需求後，儘量滿足（F7）*」；亦可與同溫層的校長夥伴相互扶持「*校長常常是孤獨、孤單的，所以必須要有自己的同溫層夥伴很重要，可以給一些經驗交流、互相激勵的部分（E11）*」，將能獲得親師生的認同與肯定。

伍、結論與建議

依據上述研究結果與討論，可以了解疫情時期國小校長所面臨工作壓力與其適應歷程，據此論述本研究之結論與建議。

一、結論

（一）有效配合上級政策、暢通校園溝通管道，凝聚防疫集體共識，是疫情時期學校防疫措施成敗的關鍵因素。

根據結果分析，在疫情時期，校長進行防疫工作時都會配合上級政策，統籌校內外物資分配，完善物資補給，並在學校條件許可下創新科技防疫思維，但也因上級指示不明確、防疫資訊紊亂產生不確定感、防疫初期物資取得不易、相關配套不足、防疫共識取得不易、教師線上教學專業度有待提升，以及學生線上學

習品質掌控不易等問題，亦導致在防疫工作推動時產生困難。此點與卓宥騏（2021）的研究指出學校防疫人員在防疫工作執行上的困境一致。

其次，校長在學校推動防疫工作的過程中，防疫措施對學校的正向影響包括：親師生的資訊能力提升、親子互動時間增加、增進家長對學校的信任與了解、線上教學與學習成為師生必備能力、學校團隊凝聚力提升，但相對的亦因親子相處時間長而產生摩擦、學生學習穩定度降低、親師溝通時間增加、教職員工作負擔增加、共識取得過程中的情感撕裂、親師生缺乏實體互動而產生疏離與焦慮等負向影響。此點和謝金城與邱萍芳（2020）對新型冠狀病毒之防疫教育作為的分析、林幸屏（2022）認為疫情期間的壓力源自於與家長的溝通等觀點相似。

（二）有效降低對疫情的不確定感、正向積極面對防疫工作挑戰，是疫情時期降低校長工作壓力的重要關鍵。

分析受訪者訪談記錄發現，在疫情時期，校長工作上的壓力雖然來自於校內外的關心與回應（A校長）；親師生健康狀態、資訊能力、生活受限制（B校長）；親師生情緒（C校長）；自我要求、平時社區期望、防疫措施的擔憂（D校長）；上級、學生（E校長）；工程、環境（F校長），但每一位校長都表示「對疫情的不確定感」是造成校長工作壓力的關鍵根源。此部分與陳玉惠（2022）、黃怡華（2023）、Robbins與Sanghi（2006）將壓力視為個體在面對充滿不確定性狀況下的一種動態情境的觀點，林幸屏（2022）認為整體工作壓力對於健康狀況，以及與家長溝通部分影響最大的觀點一致。

其次，本研究結果亦發現，在疫情時期校長在面臨工作上的壓力時，都採取正向作為與正向思考，積極面對，以團隊力量分

工合作、傾聽同理同仁的需求，並懂得尋求消化工作壓力的方法，像是在面臨工作上的壓力時，會以運動或找尋其他感興趣的事物分散注意力等方式來舒緩，讓疫情期間的工作壓力不會對個人生活上產生影響。研究結果也發現，在疫情時期，校長覺得在執行市府政策的配合度、提升老師線上教學的專業度、親師生的合作度、危機處理能力、家長對學校的信賴度等覺得滿意，但對於疫情初期相關軟硬體資源的挹注及線上教學的推動，覺得可以再加快腳步。此部分與 Lofquist（1984）與 Hershenson（1981）所主張當環境影響工作者行為時，工作者配合工作的限制或要求，主動學習與培養能力及興趣，克服工作上的困難，並於工作中獲得成就與滿足的觀點一致。

（三）善用良好社會支持體系、回歸教育初衷，能有效舒緩校長面對疫情所造成的工作壓力，維持工作熱情。

依據本研究結果，發現校長要維持工作熱情亦需要良好的支持系統。倘若校長在防疫工作推動過程中，能籌組具有共識的防疫團隊，給予團隊充分授權與信任，對於同仁與自己切勿要求凡事一百分，並在行政教學間建立溝通管道相互配合、多傾聽，明確並儘量滿足老師需求，與同溫層的校長夥伴相互扶持，將能獲得親師生及社區的認同與肯定。此部分與 Sarason 等人（1978）所指當個人在生活當中面臨壓力時，會向其本身所擁有的社會網路中尋求支持，以減輕壓力所帶來負面的影響，以及陳玉惠（2022）發現疫情期間若能自我調適或同事、家人的支持越高，一旦面臨新挑戰或情境變動時，也能以積極的態度因應並想辦法解決，減低工作所帶來壓力的觀點一致。

此外，校長若能以學生為中心，反思自己的教育初衷、教育圖像，面對問題尋求資源與支援，並運用時間進行專業成長進

修，適時給予自己幸福的空間與時間，適當的運動，降低壓力所造成生心理負面影響，提升正向力量，可找到屬於自己工作上的成就感。此部分與 Gottlieb（1983）所指社會支持可以減緩生活壓力對生心理健康所造成的負面影響，增進生活適應的論點，以及陳玉惠（2022）調和身心時應注意正常的作息，做適當的運動與消遣來穩定自身的健康，以及做好時間管理，工作壓力才有可能化為助力以度過漫長的新冠疫情之論點一致。

二、建議

（一）對教育主管機關及學校的建議

1. 吸取防疫經驗，落實超前部屬，展現校園防疫生活新常態

新冠疫情改變了人們生活方式，為學校教育帶來新挑戰。校長身為第一線指揮官，如何在嚴峻情勢下確保學校正常運作，考驗校長領導與智慧。由本研究結果可知，學校防疫均依照市府規範政策進行，並視教育現場實際狀況滾動修正。政策倘若搖擺不定、授權不足或是配套不足，校長及學校單位將無所適從。有鑒於此，建議教育主管機關務必確認防疫應變政策，妥善規劃防疫措施，鼓勵防疫應變分享，搭建互動對話平台，並完善資源支援工作，降低校園防疫負荷；其次，建議學校端務必時刻保持警惕，籌建專責防疫團隊，事先備妥疫情所需物資存量，暢通親師生溝通管道，尋求防疫共識，並視疫情發展及時應對，降低校內外危機以及衍伸的負面影響。

2. 掌握壓力根源，做好危機管理，營造友善工作環境

危機是轉機，更是改革契機。此波疫情，修正了教育人員教育理念，改變習以為常的學校生活型態，更帶來許多壓力，但也啟動親師生對教育工程的再思考、再行動。分析訪談記錄發現，

疫情時期，校長工作壓力可分為內、外兩部分。外在壓力包括：上級單位要求、確診情形無法掌握、社區家長民眾對學校防疫規範不信任、親師關係緊張；內在壓力包括：校長自我要求、師生健康狀態、學校工程進度、教師遠距教學能力、學生學習品質等。其中，對於「疫情的不確定感」是校長壓力根源關鍵，因此，本研究建議教育主管機關應建立疫情發布單一窗口，專人專責統一對外口徑，建立疫情發布 SOP，避免過度不確定訊息充斥，建立防疫酬賞機制，提升校園防疫士氣；其次，做好校園內控機制，落實校園危機管理，善用 FB、LINE、IG 等社群管道傳遞第一手消息，保持親師生的訊息暢通；再者，在課程與教學方面，則是建立疫情時期遠距教學支持系統，規劃線上教學增能研習，強化防疫培育課程，探究壓力調適因應，完善線上學習扶助以維護學生學習品質；最後，引進校外資源，做好人力、物力管理調配，讓「新冠震撼」所造成不公現象降到最低。

（二）對校長的建議

1. 依據個人特質，調整工作步調，提升工作效能

校長是學校舵手，更是學校施政的定海針。校長面對壓力時，依照個人不同特質，保持冷靜思慮，調整個人情緒方式，才能激發全校親師生動能，促進學校永續發展。本研究結果將參與研究的六位校長分成按部就班型、善用資源型、樂天知命型三種類型，因其人格特質不同，面對壓力因應與調適模式各有其特點，但共同點均認為建立規律運動習慣、與其他校長們相互取經，以及找到讓自己有興趣的事，是分散壓力的良方。因此，建議校長們除了找到符合自己喜好的興趣，建立運動習慣，也可常與其他校長交流以維持身心靈良好狀態，有助於防疫工作推動更有成效，三種類型的校長亦能截長補短，例如：按部就班型的校

長，除了爭取上級機關的支持外，亦可以向善用資源型的校長學習資源引進策略，透過扶輪社及獅子會等非營利公益機構資源，協助防疫工作的推動；善用資源型的校長在爭取資源的同時，亦可學習樂天知命型校長的樂觀精神，降低在爭取資源過程中所造成工作上的壓力；樂天知命型的校長在樂觀積極進行防疫行動的過程中，可以向按部就班型的校長學習用敏銳的觀察力及科學化的行動步驟，扎實穩健的完成防疫工作的每一步。

2. 回顧教育初衷，尋求支持系統，提升工作士氣

　　新冠疫情發生，如同打開潘朵拉盒子，各種恐懼、不安、紛擾接踵而至，如何透過社會支持系統維繫校長工作熱情，提升校長工作士氣成為首要之務。根據本研究結果，首先，建議透過家人及親朋好友的陪伴，獲得情緒性支持（emontional support），讓校長在進行防疫工作的過程感覺是被愛的、被關心的；其次，建議校長們若因繁瑣工作而失去未來方向及目標時，回想自己「教育初衷」、「教育圖像」，為自己乾涸的心靈注入源源不絕活水，建立自尊性支持（esteem support），讓校長感覺是受尊重的、有價值的；最後，建議校長可善用校長協會、校長專業學習社群等社會網路的支持（network support），讓校長在推動防疫工作的過程中有一群願意同心合力的奮鬥團隊共同進行，彼此建立屬於良善正向的溝通網絡，彼此有義務及互相瞭解，相信更能讓校長的工作動力倍增，有效降低防疫工作時的壓力。期盼處於工作倦怠的校長們都能善用社會支持系統，從內、外部歸因中去思考現在工作狀態，挖掘環境中既有養分，在面對疫情肆虐時，能維繫住工作熱情，護住自己心中火苗，不致在日復一日工作壓力中被壓垮或迷失方向。

參考文獻

世界日報（2021 年 6 月 19 日）。疫情時期持續工作老師壓力最大。
YAHOO 新聞網。 https://tw.news.yahoo.com/%E7%96%AB%E6%83%8
5%E6%9C%9F%E9%96%93%E6%8C%81%E7%BA%8C%E5%B7%A5
%E4%BD%9C-%E8%80%81%E5%B8%AB%E5%A3%93%E5%8A%9B
%E6%9C%80%E5%A4%A7-061901619.html

林幸屏（2022）。新冠肺炎疫情下教師工作壓力與情緒管理之研究：以桃
園市公幼為例〔未出版之碩士論文〕。健行科技大學。

卓宥騏（2021）。國民小學學校防疫人員面對新冠肺炎的壓力、困境與策
略〔未出版之博士論文〕。國立臺灣師範大學。

紐文英（2020）。質性研究方法與論文寫作（三版）。雙葉。

陳玉惠（2022）。新冠疫情下國小教師之工作壓力、心理資本、工作不安
全感與憂鬱情緒之關係〔未出版之碩士論文〕。中國科技大學。

黃怡華（2023）。新冠肺炎疫情下新北市國小高年級導師工作壓力與因應
之研究〔未出版之碩士論文〕。國立臺灣師範大學。

黃巧吟、陳木金（2021）。後疫情時代校長領導新思維與微觀政治策略。
教育研究月刊，**323**，59-75。

陳慧玲、黃煒翔（2020）。教保服務人員對傳染病預防態度與幼兒對傳染
病預防行為之關連性研究：以北部地區幼兒園為例。康大學報，**10**，
1-18。

陳龍、徐敏耕與徐宗福（2013）。醫療資訊人員工作投入、工作壓力及工
作滿意度之探討。醫務管理期刊，**14**（2），107-127。

湯志民（2021）。後疫情時代校園安全與環境規劃策略。教育研究月刊，
323，4-21。

潘淑滿（2003）。質性研究：理論與應用。心理。

謝金城、邱萍芳（2020）。面對新型冠狀病毒之防疫教育作為：以安康高
中為例。師友雙月刊，**619**，91-95。

Arkoff, A. (1968). *Adjustment and mental health* .McGraw Hill .

Caplan, G. (1974). *Support System and Community Mental Health: Lecture on Concept Development*. Behavioral Publications.

Cassel, J. (1974). Psychological processes and stress: Theoretical formulations. *International Journal of Stress Service, 4*, 471-482.

Cobb, S. (1976). Social support as a moderator of life stress. *Psychosomatic Medicine, 38*(5), 300-314.

Corbin, J. M., & Strauss, A. L. (2008). *Basics of Qualitative Research: Techniques and Procedures for Developing Grounded Theory*. Sage Publications, Inc.

Creswell, J. W. (2013). *Qualitative Inquiry & Research Design: Choosing Among the Five Approaches (3rd ed.)*. Sage.

Dawis, R.V., & Lofquist, L.H. (1984). *A Psychological Theory of Work Adjustment*. University of Minnesota Press.

Dunne, C. (2011). The place of the literature review in grounded theory research. *International Journal of Social Research Methodology, 14*(2), 111-124.

Gottlieb, B. H. (1983). Social support as a focus for integrative research in psychology. *American Psychologist*, 38(3), 278–287. https://doi.org/10.1037/0003-066X.38.3.278

Hershenson, D. B. (1981). Work adjustment, disability, and the three R's of vocational rehabilitation: A conceptual model. *Rehabilitation Counseling Bulletin, 25*,91-97.

Li, W., Yang, Y., Liu, Z.-H., Zhao, Y.-J., Zhang, Q., Zhang, L., Cheung, T., & Xiang, Y.-T. (2020). Progression of mental health services during the COVID-19 outbreak in China. *International Journal of Biological Sciences, 16*(10), 1732–1738. https://doi.org/10.7150/ijbs.45120

OMNITV (2021, Feb 23). 疫情下中小學校校長承受龐大壓力。 https://www.omnitv.ca/on/en/videos/%E7%96%AB%E6%83%85%E4%B8%8B%E4%B8%AD%E5%B0%8F%E5%AD%B8%E6%A0%A1%E6%A0%A1%E9%95%B7%E6%89%BF%E5%8F%97%E9%BE%90%E5%A4%A7%E5%A3%93%E5%8A%9B-feb-23-2021-on/

Robbins, S. P., & Sanghi, S. (2006). *Organizational Behavior (11th Ed.)*. Dorling Kindersley.

Sarason, I. G., Johnson, J. H., & Siegel, J. M. (1978). Assessing the impact of life changes: Development of the Life Experiences Survey. *Journal of Consulting and Clinical Psychology, 46*(5), 932–946. https://doi.org/10.1037/0022-006X.46.5.932

Strauss, A., & Corbin, J. (1990). *Basic of Qualitative Research: Grounded Theory Procedures and Techniques*. Sage.

Strauss, A., & Corbin, J. (1998). *Basics of Qualitative Research: Techniques and Procedures for Developing Grounded Theory*. Sage.

Wang, Y., Di, Y., Ye, J., & Wei, W. (2020). Study on the public psychological states and its related factors during the outbreak of coronavirus disease 2019 (COVID-19) in some regions of China. Psychology, *Health & Medicine*. Advance online publication.

Wilson. E. V., & Sheetz. S. d. (2010). A demands-resources model of work pressure in IT student task groups. *Computers & Education, 55*(1), 415-426.

國家圖書館出版品預行編目 (CIP) 資料

校務研究新紀元：教與學的面向探討 / 林奇宏 , 林思吟主編 .
-- 新竹市：國立陽明交通大學出版社 , 2023.09

216 面；　14.8 x21 公分 . -- (教育通識系列)

ISBN 978-986-5470-76-0(平裝)

1.CST: 高等教育 2.CST: 教學研究 3.CST: 學校行政 4.CST: 文集

525.307　　　　　　　　　　　　　112014799

教育通識系列

校務研究新紀元 —— 教與學的面向探討

主　　　編：林奇宏、林思吟
編 務 協 力：魏彗娟
封 面 設 計：柯俊仰
美 術 編 輯：黃春香
責 任 編 輯：程惠芳

出 版 者：國立陽明交通大學出版社
發 行 人：林奇宏
社　　　長：黃明居
執行主編：程惠芳
地　　　址：新竹市大學路 1001 號
讀者服務：03-5712121 分機 50166
　　　　　　（週一至週五上午 8:30 至下午 5:00）
傳　　真：03-5731764
網　　址：https://press.nycu.edu.tw
e - m a i l：press@nycu.edu.tw
製版印刷：華剛數位印刷有限公司
初版日期：2023 年 10 月
定　　價：320 元
I S B N：9789865470760
G P N：1011201189

展售門市查詢：

　陽明交通大學出版社 http://press.nycu.edu.tw

　三民書局（臺北市重慶南路一段 61 號）
　網址：http://www.sanmin.com.tw　　　　電話：02-23617511

或洽政府出版品集中展售門市：

　國家書店（臺北市松江路 209 號 1 樓）
　網址：http://www.govbooks.com.tw　　　電話：02-25180207

　五南文化廣場臺中總店（臺中市中山路 6 號）
　網址：http://www.wunanbooks.com.tw　電話：04-22260330